U0790426

世界文明摇篮丛书

尼罗河

# 魅力埃及探源

丁 波　李 提　编著

黄河水利出版社

# 编者的话

自远古时代起，人类就逐水而居。人类社会早期对以水为主的先天环境有着很强的依赖性。在史前文化的最初阶段，先民的居住生活均有赖于合适的灌溉条件，而大河流域肥沃松散的土地，便于从事简单的生产与劳作，并进而发展智力活动与文明，所以，综观历史，古代文明无一不是在大江大河流域内孕育和诞生，无一不是得益于河流的滋养。在东半球，最古老文明的发祥地，如埃及、古巴比伦、印度和中国，即通常所说的四大文明古国，分别位于尼罗河、幼发拉底河与底格里斯河、印度河、黄河河畔的平原上，由于与大河有明显联系，人们将其称为大河文明；在西半球，南北美洲的史前文明被通称为印第安文明，分别散布在辽阔壮丽的密西西比河流域与广袤神秘的亚马孙河流域的森林中，还有伏尔加河、莱茵河、多瑙河……都以其优越的地理条件为文明形成提供了物质基础，成为各民族繁衍、发展的摇篮。

虽然，并非所有的河流流域中都能产生古文明，但散布于世界的那一条条大江大河，在铸就民族的历史和决定国家兴衰变迁中的作用却是无一例外的，正所谓“水流到哪里，历史的刻石就标注在哪里”，因此它们才以“母亲河”或“父亲河”而著称。

孕育历史，创造文明，每一条大河都有其特点，都是人类智慧的源泉。由于河流本身的内涵力，加之人类与生俱来的亲水性，使河流与人类相伴而存，大河的两岸成为人类生活的地方。仁者乐山，智者乐水，文人墨客寄情山水，在自然胜景中蕴涵的人文精神成就了各具特质的水文化。无论是古代人类社会生产的发展，还是文化成就的铸就与辉煌，都产生于对自然，尤其是对水的认识、理解和利用中。人与河流，人与自然，可谓唇齿相依，早已相互融合为一体。人类给予大河以“母亲河”的神圣尊称，是对她沧海桑田变幻的最好总结，同时也在向世人宣示要善待河流，合理开发，维系人与自然和谐相处的道德准则。

这里，我们组织编撰出版“世界文明摇篮丛书”，旨在系统揭示河流与人类文明“摇篮”的血脉关系，释解世界大河地理、历史风貌的变化，解读大河流域的自然胜景，探索大河文化的人文内涵。主题虽是河流，但不是单纯介绍水利学科和系统，而是围绕河流阐释其丰富的人文学科价值，诸如，写两河流域，让人去“探寻失落的文明”；写黄河，让人去拜谒“龙的故乡”；写亚马孙河，让人去做一次“生命王国之旅”；写密西西比河，让人去“解读”一下“美利坚”……总之，“世界文明摇篮丛书”的10个卷册，将以通俗、精练的文字，多层面、多视角、多方位且各具特色地表现大河的丰富内涵。这套丛书特别注重知识普及性、旅游观赏性和趣味可读性，每个分册以10多万字的精练文字，随文配发近百幅图片，让人读起来有兴味、可感视。每一节都配有文字优美且言简意赅的内容提要，以适应快节奏状态下生活、工作的读者的阅读需求。

本丛书在组织编写过程中，除作者提供部分图片外，还选用了有关书刊等的图片资料，由于署名不详，无法一一核实，敬请作者谅解并与出版社联系，出版社将付酬。

该丛书的出版得到多方面关注和支持，一并致谢。但愿“世界文明摇篮丛书”能在作者、编者的共同努力下达到设计的初衷，以飨读者。

# 自　序

《尼罗河传》中曾这样写到："尼罗河它流经沙漠，在一半的流程中既无支流，又无降雨，但它竟没有干涸。实际上，靠近它的入海处，它创造了所有土地中最为肥沃的土地。"这就是尼罗河——一条贫穷而创造财富的大河。

在世界四大文明古国中，埃及是最富神秘色彩的国度。尼罗河赋予了埃及文明独特的气质——一种对永恒的无止境的追求，奔流不息的尼罗河和尼罗河上每天升起又落下的太阳，铸就了尼罗河文明的永恒。古代埃及人相信死亡不过是一次跨越尼罗河的旅行罢了，从河的东岸"生界"去河的西岸"死城"开始永生的日子。尼罗河正是连接生界的神圣纽带，是埃及的灵魂。

埃及人生活在尼罗河的东岸。但是，不管是一个埋在金字塔里的法老，还是一个在沙滩上安息的普通人，都希望葬在尼罗河的西岸。尼罗河恒定不变的节奏让人们相信——从今生到来世，从此岸到彼岸就是通向永生之路。这种对永恒的追求，化作了雄伟的金字塔，化作了木乃伊，化作了神奇的帝王谷，化作了巍峨的神庙。金字塔、木乃伊、帝王谷、太阳船、神庙……这一切似乎在向人们述说着古代埃及的法老们和埃及人所期待的不老的永恒。尽管古埃及人没有给后来者留下任何现代意义上的史书，古埃及文明本身也断裂并被淹埋，封存在广漠的尘沙之下，但却丝毫不减人们对它的追寻，就像尼罗河的流水一样，也许这就是它的永恒。

尼罗河文明的永恒，还表现在它的兼容性上。埃及地处亚洲、非洲和欧洲的接合部，独特的地理位置使得埃及成为不同文明之间冲撞和融合的枢纽。在激烈的冲撞和重组中，深深扎根于尼罗河畔的埃及文明也经历了不断发展的过程，始终保持着一种开放的姿态，这种开放正是古代埃及文明高度发展的一种积极表现，即使是在异族人的统治下，埃及人也总能将自己的文化精髓融合在新的文明中，而占据新文明的中心地位。希腊罗马统治时期，埃及曾是希腊后期文化的大本营；被阿拉伯人征服后，埃及又成为伊斯兰文化的灯塔；今天，埃及凭借其历史声望和政治地位，成为阿拉伯世界的中心之一。

在编著这本书的过程中，我又一次体味了尼罗河作为古埃及魅力源泉的伟大和不朽，不知能否将这点感受带给读者，如能，那将是我的荣幸。

这本书是我和李提合作的成果。李提主要完成了第一章、第四章和第五章部分内容的编写，其他章节由我完成。因为年长几岁，李提执意将我的名字排在前面，实是惭愧。本书选题的确立及在最后出版过程中，黄河水利出版社朱兰琴编审付出大量的精力和心血，部分章节朱老师征得我们同意后作了调整，经过她的修改，本书的结构更加合理，文字也增色不少。

丁　波

2005 年 6 月

# 目　录

Nile

# 尼罗河
# 魅力埃及探源

# 第一章
# 万物惧怕时间，时间惧怕尼罗河

《尼罗河颂》中有这样的诗句：

“万岁，啊尼罗河，

从大地里涌出，使埃及兴旺！

……”

生活在公元前5世纪的古希腊历史学家希罗多德曾说过：“埃及是尼罗河的赠礼。”

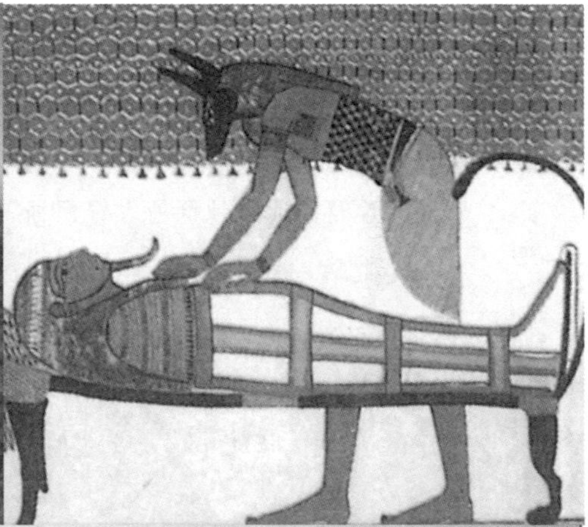

# 贯穿埃及历史的尼罗河

尼罗河贯穿埃及境内1530公里，这条古老的大河，在大约6500万年以前就业已存在了。大约在10000年以前，埃及和北非地区处在湿润期，到处是郁郁葱葱的草木。此后，随着北非气候的变化，这里广阔的草原变成沙漠，人们逐渐走向尼罗河谷，并在这里诞生了埃及文明古国。从此，这条大河就深刻地影响着古埃及人的生产、生活，铸就了埃及文明的特质。

幽静的尼罗河

埃及是历史悠久的文明古国，而成就这一伟大文明古国的正是尼罗河。

埃及位于非洲的东北角，北临地中海，东临红海、西奈半岛，与亚洲的西南部相连，地处非洲、地中海和欧洲交界处，深受多种文化的影响。埃及总面积达100万平方公里，但只有尼罗河沿岸的峡谷和三角洲得到开发。尼罗河贯穿埃及境内1530公里，自南向北将埃及分成四大块：西部沙漠（占总领土面积的三分之二）、东部沙漠、西奈半岛、尼罗河河谷和三角洲。尼罗河河谷和三角洲是人口分布最密集的地区，剩余的大片土地是人口稀少的浩渺沙漠。埃及的首都开罗，是非洲、阿拉伯世界和中东地区最大的城市，也是埃及工

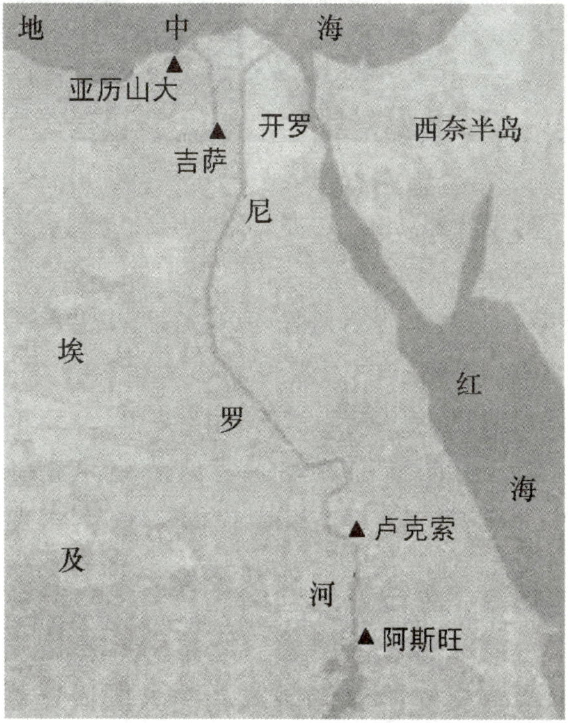


埃及位置略图

埃及的经典景观

业和商业中心。

埃及是一个具有悠久历史和高度发达古文明的国度，尼罗河是古埃及文明的根基所在。

最早的埃及人究竟来自何方？学者们的一般论断是，最初移民到尼罗河盆地的是一些非洲土著，其中主要是黑人。

一般认为，古埃及文明最早起源于上埃及。很早以前，埃及和北非其他地区还在湿润期，到处是郁郁葱葱的草木，有许多可供捕猎的动物，人们在非洲北部和苏丹东部追踪猎物，过着渔猎、采集生活。在10000～20000年前，由于气候发生重大变化，北非大部分地区变成不毛之地，而尼罗河谷是沙漠中的一片绿洲，在邈远的古代，当原始的人群在陆地上往来飘荡、寻找适当的居处时，人们逐渐聚集到尼罗河流域这片富饶的土地上，依靠河水泛滥的平原和沼泽地定居下来。后来，亚洲的游牧部落哈姆人穿过西奈半岛和红海侵入到尼罗河盆地，并征服了土著非洲人。接着，又有一批批来自西南亚的塞姆人侵入进来。经过长期的混合，亚洲哈姆人、非洲人以及塞姆人就同化为一个新的部族，他们被称为古埃及人。

埃及人自豪地把他们的国家称为“克麦特”，意为“黑土”，自称是“黑土的人”，而把埃及周边荒凉贫瘠的沙漠称为“红土”。在古代，埃及居民曾被称为“科普特人”，至今这仍是埃及基督教徒的称呼。

和许多古老文明一样，埃及文明是由一条大河——尼罗河所孕育的。尼罗河是一条非常古老的河流，大约在6500万年以前，就业已存在了，在漫长的历史岁月中，虽然河道曾经发生多次变迁，但它总是向北流。尼罗河河谷称为上埃及，尼罗河三角洲称为下埃及。古埃及文明最早起源于上埃及。在尼罗河河谷中，悬崖峭壁举目可见，之外就是沙漠。三角洲则平坦无际。由于自然环境不同，上、下

沙漠深处

埃及发展出不同的文化与信仰。因此，自古以来埃及人和邻近民族都称埃及为“两地”。而尼罗河是两地之间联系的要道，也是维持埃及文明整体性的命脉。

对尼罗河洪水的防御和利用促进了古埃及文明的奠基与发展。埃及人运用长年积累起来的对洪水泛滥规律的认识，发展引洪漫地，世世代代从事农业生产。在此基础上，埃及人创造了辉煌的文化，发展了天文、数学、医学、建筑学等。早在公元前5世纪，古希腊历史学家希罗多德就曾说过，“埃及是尼罗河的赠礼”。

18世纪末埃及的机械灌溉

# 由南向北奔流的大河

尼罗河是仅次于亚马孙河的世界第二长河，全长6740公里，其干支流流经非洲东部十个国家，最后注入地中海。它是世界上唯一一条自南向北流淌的大河。尼罗河主要由青尼罗河和白尼罗河组成。白尼罗河流经苏丹炎热干燥的不毛之地和硕大无比的“蒸发皿”之后，以消瘦、柔美的身躯与汹涌、粗野的青尼罗河在苏丹首都喀土穆汇合后，才真正算是尼罗河。尼罗河水量在埃及境内最大，尼罗河水的定期泛滥，造就了埃及文明存在的基础。

尼罗河畔

尼罗河全长6740公里，是非洲的第一大河，一直以来曾被认为是世界最长的河流，只是根据近年对亚马孙河的研究才知道，尼罗河的长度仅次于亚马孙河，是世界第二长河。尼罗河发源于赤道以南、非洲东部的高原之上，由南向北奔流，纵贯非洲东北部。干流流经布隆迪、卢旺达、坦桑尼亚、乌干达、苏丹和埃及等国，支流还流经肯尼亚、埃塞俄比亚、刚果（金）、厄立特里亚等国的部分地区，流域面积280万平方公里，相当于整个非洲大陆面积的十分之一。

尼罗河是世界上唯一一条自南向北流淌的大河。它的源头一直很神秘，直到19世纪后半叶，才确定它有两个源头，即白尼罗河和青尼罗河——两条脾气迥异的河流。

柔美的白尼罗河发源于海拔2621米的热带中非山区，全长2900公里。布隆迪卡盖拉河的发源地，为它的源头，之后向北流经坦桑尼亚、卢旺达和乌干达，先后历经维多利亚湖（非洲第一大湖、世界第二大淡水湖）、基奥加湖、艾伯特湖，这三大湖所构成的庞大湖区养育并丰盈了白尼罗河的上

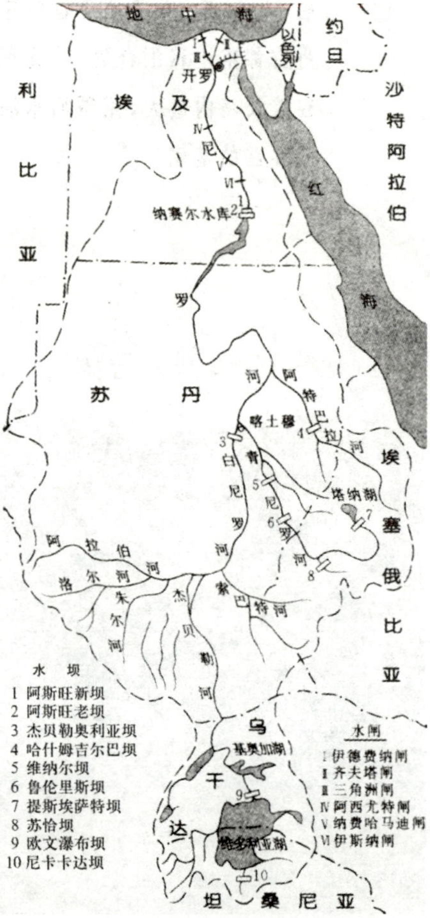


尼罗河流域水系和已建闸坝示意图

游地区。其上游流经的地区群山重叠，河流绕行其间，间有一些大的瀑布。这一区域处于赤道多雨地带，大小湖泊星罗棋布，其支流把众多的湖泊连接起来，堪称非洲的水乡泽国，加上河流两岸与湖泊间翠绿的丛林，漫无边际的艳丽鲜花，众多的野生动物出没其间，构成了一幅美丽、生动的画卷。

白尼罗河穿越乌干达黑黢黢的丛林，跃下上游区最大的莫其森

尼罗河上

瀑布高高的山岩，然后在苏丹炎热干燥的不毛之地现身。当她进入苏丹南部盆地时，河水泛滥成面积约10000平方公里的纸莎草沼泽，人们称之为可怕的“萨德”——阿拉伯语意为“无法通过的地方”。火辣辣的太阳使“萨德”成为硕大无比的“蒸发皿”，于此消耗了2/3的水量之后，消瘦的白尼罗河继续北流，本来清澈的河水被“蒸发皿”里腐烂的植物染成了灰绿色。此时，白尼罗河以一幅完全成熟

的面目，徐缓、沉着、庄严地向北流去，张着三角帆的双帆船和汽船在她宽阔的怀抱里往来穿梭。它保证了尼罗河枯水期的水量，在枯水期，白尼罗河提供的水量占到总水量的83%。

与白尼罗河相比，青尼罗河则是一条粗野的支流，全长约1700公里。它源于海拔2000米的“非洲屋脊”——埃塞俄比亚高原，向北流去，在不远处注入非洲最高的湖泊——塔纳湖。这里处于热带

航行在尼罗河上

山区，水量丰沛。来自大西洋的云朵化作了如注的雨水，在山坡上冲刷出一道道沟壑，并将大量的泥土卷入溪流。在塔纳湖以下，青尼罗河放慢了脚步，在浅滩、礁石中缠绵，然后突然在雷霆般的轰鸣声中塑造了非洲第二大瀑布——梯赛斯特瀑布。在接下来的河段中，青尼罗河奔腾650公里，闯进苏丹南部平原那令人窒息的酷热中。青尼罗河每年有4个月纵情奔流，正是由于它每年8、9月间水

量急增，尼罗河才有了一年一度的泛滥，也正是它，从埃塞俄比亚高地山远水长地挟带了尼罗河泛滥时所沉积的肥沃泥沙。

在苏丹尘土飞扬的首都喀土穆，喧闹的青尼罗河与恬静的白尼罗河相会，到这里才正式称为尼罗河，水量也大增，气势更恢弘。令人叫绝的是，两股河水合流后若即若离，一半是蓝色，一半是白色，蓝白相间分流而下，到很远的地方才开始融合到一起。之后，尼罗河拐了一个大大的“S”形的弯，穿越酷热的努比亚大沙漠，由于缺少雨水而成为一股缓缓移动的浊流。尼罗河在从喀土穆到阿斯旺的这段长达1850公里的艰难行程中，主要支流有阿特巴拉河。

尼罗河从喀土穆向下河长约3000公里。河谷由狭窄逐渐变宽。在即将进入埃及时谷地宽仅201米，而在阿斯旺以下，河谷展宽，有的河段甚至宽达10多公里。喀土穆至阿斯旺之间有6处瀑布，号称“尼罗河六瀑”。

尼罗河在阿斯旺的多年平均径流为840亿立方米，即尼罗河的总水量。尼罗河下游水量主要来自源于埃塞俄比亚高原的索巴特河、阿特巴拉河和青尼罗河，其中以青尼罗河为最重要。青尼罗河流量有鲜明的季节性，年内变化很大。春季水量有限，6月开始涨水，接着即迅猛持续上涨，至9月初达到高峰。每年8～10月水量最丰，占全年水量的70%。开罗于10月出现最大洪峰。洪水期间，它会使白尼罗河形成倒灌。11～12月水位下落，2～4月则为枯水期。枯水期的最小流量不及100立方米每秒，约为洪水期最大流量的1/60。这时尼罗河的水主要由白尼罗河来补给。

尼罗河的全部水量有60%来自青尼罗河，32%来自白尼罗河，8%来自阿特巴拉河。洪水期青尼罗河占68%，阿特巴拉河占22%，白尼罗河占10%；枯水期白尼罗河占83%，青尼罗河占17%，而阿特巴拉河此时断流。

# 尼罗河馈赠的厚礼

尼罗河在夏季所降的丰沛雨水，造成定期的泛滥。每年的6月中旬至10月，尼罗河涨水，把沿岸的盆地和三角洲泛滥成水乡泽国。河水把上游的泥土和植物残骸带下来，洪水过后，在两岸沉淀、淤积出层层肥沃的黑土，成为天赐埃及的宝贵财富，由此，古埃及人很早便创造了辉煌的农业文明。诚如公元前5世纪古希腊历史学家希罗多德所言："埃及是尼罗河馈赠的厚礼。"

直至今日，尼罗河依然赋予埃及以生命

在沙漠占国土面积达96%的埃及，尼罗河就意味着生命：仅占国土面积3%的尼罗河河谷和三角洲里，聚集着96%的埃及人！在大河两岸，星罗棋布着绿油油的麦田和棉田、齐刷刷的柑橘林和香蕉林、青纱帐似的甘蔗田和玉米地……埃及的长绒棉洁白光亮，素有“白金”之称，占世界总产量的1/3左右。

在修建阿斯旺大坝以前，尼罗河畔的土地据说是世界上最肥沃的土地，这要归功于尼罗河年年岁岁有规律的泛滥。每年7月伊始，埃及人一边焦急地关注着河水的变化，一边抬头向上天祈祷。到8月了，忽一日，明亮的天狼星缀上了黎明的天幕；根据积年的经验，人们知道泛滥的河水就要来了！果然，伴随着天狼星的出现，尼罗河水排山倒海般地席卷而至。洪水到来时，会淹没两岸农田，洪水退后，又会留下一层厚厚的河泥，形成肥沃的土壤。

早在公元前3400年，埃及人就知道了如何掌握洪水的规律和利用两岸肥沃的土地，引洪漫灌，发展农业。很久以来，尼罗河河谷

尼罗河泛滥

一直是棉田连绵、稻花飘香。从喀土穆向北至阿斯旺，在撒哈拉沙漠和阿拉伯沙漠的左右夹持中，蜿蜒的尼罗河犹如一条绿色的走廊，充满着无限的生机。邻近河岸的土地就依靠河水得以耕作。从阿斯旺向北至开罗，河两岸是肥沃冲积土形成的泛滥平原，宽度逐渐增加到19公里左右，这一地区全靠灌溉种植。“尼罗河赋予两岸土地以生命：只有尼罗河泛滥以后，才能够有粮食和生命。大家都依靠它生存”。这是镌刻在尼罗河畔岩石上的赞语。

尼罗河每年汛期洪水带来淤积的泥沙，成为一年一度的宝贵肥源。当河水水位下降时，滞留圩垸的潴水退回尼罗河，人们即在圩垸里播种小麦、豆类。如此，轻而易举地给埃及人带来丰收。希罗多德曾说过：“他们比世界上其他任何民族，都易于不费什么劳力而取得大地的果实，因为他们要取得收获，并不需要锄头锄地，不需要掘地，也不需要做其他人所必须做的工作。那里的农夫只需等河水泛滥出来，流到田地上去灌溉，灌溉后再退回河床，然后每个人把种子撒在自己的土地上，叫猪上去将这些种子踏入土中，此后只是等待收获了。”

据估计，埃及古代用尼罗河水灌溉的土地有270多万公顷，远

尼罗河畔

远超过了两河流域、印度河流域和黄河流域，使埃及成为“地中海沿岸的粮仓”。直至今日，埃及的粮食产量都一直居非洲之首。

可是哺育了埃及的尼罗河又绝非一条驯顺的河流，她的流量会出现巨大的起伏。当水位涨到一定高度时，丰饶的一年便已出现在了地平线上；可是如若水位涨不到那个高度，远离河岸的土地和高地便无法得到浇灌和“施肥”，人们就将面临一年的干旱与饥馑；如若洪水过大，大地就会变成水乡泽国，疫病流行。而尼罗河的来水又确实存在年内年际间变化很大、相差悬殊的特点。为此，埃及人在如何控制、利用尼罗河洪水的水利建设方面，付出了巨大的劳动和心血，大规模的治水便成了古埃及生死存亡的头等大事。

据说在公元前2700～前2600年间，埃及曾在开罗东面30公里的一条被称为瓦迪加拉瓦的河上修建了一座坝，以拦蓄山区的洪水。早在前王朝时期的图画就曾对这种工作情景有所刻画。进入王朝时期后，由各地方政府统一组织进行水利建设。古代埃及人表示地域性组织——“州”的象形文字符号，即源于纵横交错的灌溉沟渠。灌溉的监护人成为州的行政长官，被灌溉的土地是形成州的重要依据。上下埃及统一后，水利工作直接受中央政府管辖，是中央政府的重要职能之一。遍布全国的灌溉系统，显然早在中王国或者更早的时期就已形成。

尼罗河不仅为农业发展提供充足的水源，而且在交通运输方面也发挥着巨大的作用，河面船只往来如梭，是南北交通的大动脉。

尼罗河孕育了埃及。在三角洲古城塞伊斯的一尊女神像的墓座上刻着这样一句话：“我就是一切——过去、现在、未来。”这句话是对尼罗河最精辟的概括。

古代著名的《尼罗河颂》写道：“光荣啊，起源于大地的尼罗河！

尼罗河三角洲风情

你川流不息，为的是使埃及苏生……你灌溉田地，使一切生物欣欣向荣。”

在法老时代，埃及就流传着一句谚语：“埃及就是尼罗河”，甚至形成了给河神娶妻的风俗，每到8月28日忠诚节，埃及人就将盛装的少女载到河中央，然后抛到急流中献给河神。从某种意义上说，没有尼罗河就没有埃及文明。

# 尼罗河上的太阳

原始社会的埃及人，在精神上还不能把自己从自然界分离出来，那世间充满无形力量的一切都被当做神来崇拜，其中，尼罗河和太阳崇拜是古埃及神的崇拜和宗教体系的核心。而尼罗河崇拜又与太阳崇拜紧密相连。太阳神最重要的活动，就是乘着太阳船从白昼到夜晚，在尼罗河上从东岸到西岸的巡游。埃及人从尼罗河的定期泛滥、太阳的升升落落中，追求着永恒。

阿蒙神立像。传说阿蒙神正是在与太阳神结合成为阿蒙－拉后才获得登峰造极的地位

古埃及人自称是神的选民，和神明一起住在这个世界上最富庶的尼罗河畔，古埃及人对神的崇拜由尼罗河开始，而太阳神更是古埃及神话的源头。

奥西里斯神，它最初是大地和植物神，后成为阴间的最高统治者，永恒的生命象征

在原始社会，埃及人在精神上还不能把自己从自然界中分离出来。在他们看来，世间充满了无形的力量，日月星辰、风雨雷电、高山大河以及一切动植物，都代表了神秘的不可抗拒的力量，他们把一切都当做神来崇拜，太阳、沙漠、尼罗河，狮子、鹰、鳄鱼、蛇……都成为他们崇拜的对象，图腾崇拜也由此而来。进入王朝时期以后，各地崇拜的地方神一起迈入了古埃及的万神殿，神祇数目越来越多。据统计，古埃及宗教中前前后后有2000多个神，成了一个典型的多神教地区。另一方面，古埃及人对神的理解也趋于人性化，神的外形特征融入了人的因素。从过去的动物神逐渐发展为人身兽头形或者完全的人形。众神的这种形象一直延续下去，成为古埃及宗教的一大特征。

阿蒙神，最初是风神或空气神，从公元前2000～前1360年，是新王国时期至高无上的国神

在很大程度上，地方神祇的命运又取决于该地方政治地位的变迁。当上下埃及统一后，下埃及的鹰神就成为全埃及的主神。而在古代埃及的历史上，太阳神始终名列第一。

太阳给人类带来光明和温暖，是人类生存最可靠的源泉，于是便产生了对太阳的崇拜。政局的变化会使某些神暂时取得优势，但最终起作用的还是太阳神，就连太阳神最强大的对手奥西里斯神——永恒生

拉神——太阳神，古埃及人自称“拉神的牲畜”

命的象征，也被拉入了太阳神系统。新王国时期至高无上的阿蒙神，正是在与太阳神结合成为阿蒙－拉后才获得登峰造极的地位。古埃及人自称为“拉神的牲畜”，并从第五王朝（公元前2494年）开始，国王开始采用“拉之子”的头衔。传说，在宇宙创始之际，拉神曾给予荷花以生命，而荷花则每日以其芬芳赋予拉神以生机，因为这种传说，今天的埃及人把荷花作为自己的国花。

在古埃及，太阳神崇拜又是与尼罗河紧密结合在一起的。传说太阳神为了给古埃及人解释“日出于东而落于西，夏天炎热而冬天寒冷”编就了一个故事：太阳神乘坐的太阳船每天在宇宙之河的支流尼罗河上，在靠近大地的一侧自东向西航行而过。夏天尼罗河泛滥，河水高涨，于是太阳船就离我们近，天气就热。

在古代埃及，太阳神神庙的神像多是甲壳虫，这是因为甲壳虫最恋尼罗河。每逢尼罗河水泛滥，只有甲壳虫多起来，水才能退。而水一退去，土地便变得更加肥沃，种上庄稼就准获丰收。因此，甲壳虫就成了丰收的象征。愈获丰收，人们就愈加崇拜甲壳虫，把它尊为太阳神的图腾。太阳神神庙甲壳虫雕像，正是献给初生朝阳的礼物。

数千年来，埃及人对太阳神的崇拜忠贞不渝，随着社会历史的变迁，他们的信仰也发生过一些变化，然而无论是飞黄腾达的阿蒙神，还是其他什么神，都不仅不会损坏太阳神的光辉形象，反而使太阳神获得更丰富的社会属性。

# 生命的永恒

古埃及人坚信从生到死不过是永恒生命的一个过程。人类的灵魂是不朽的。当人的肉体死去的时候，灵魂便再一次投生到人体里去，开始死后但却是生前最向往的“幸福生活”。其前提是，必须把尸体保存完好，以便使飘荡的灵魂可以依附，“有家可归”。埃及人出于这种对来世充满希冀的宗教信仰和信念，才有了绝妙的木乃伊制作技术、神奇的金字塔和独特的墓葬习俗。

生命与健康之神伊西斯像

埃及独特的自然环境和宗教信仰助长了古埃及人对来世的希冀。尼罗河每年有规律的泛滥和消退，与之相应的植物茂盛和枯萎，太阳每日的升起和落下，这些自然现象的周而复始给古埃及人这样的观念：世界是循环往复的，自然万物可以由死而生，永恒不变。古埃及人的时间观自然偏重未来，因为无尽的世界正等着他们去享受。太阳神不仅赋予万物以生命，而且象征着永恒。每天早晨，太阳神从尼罗河东岸冉冉升起，在天空中缓缓运行，普照大地；黄昏时分，落入西方沙漠中；夜间，它在黑暗中运行，获得新生。从光明与黑暗的交替中，古埃及人得到了启示，认为生与死不过是永恒生命的一个过程而已，太阳神寄托着他们对永生的追求。而这种追求，使他们很注重死后如何超过了对生前的现实的重视。人们相信，死后最幸福的生活应当具备生前最向往的东西，所以他们总是把最好的东西留在死后享用。正因为如此，才有了古埃及独特的墓葬习俗。

夜幕下的金字塔——法老的坟墓中，依稀活跃着法老的灵魂

奥西里斯“卡的住所”中，木乃伊躺在狮子造型的平台上，两旁站着守护人头小鸟是“亡者”的“巴”。平台下面四个罐子用来放置木乃伊的内脏，罐盖的造型是荷拉斯的四个儿子，造型是人头、狒狒头、豺狼头、猎鹰头

埃及人认为天地之间充满了精灵，人的身上也有精灵，即灵魂。他们认为，人有两种永生的灵魂，其中之一就是“巴”，形如一只人头鸟，它与活人生活在一个躯体上，人死后，“巴”白天飞离人的尸体，夜间栖息在坟墓中。如果尸体能够保存良好，在人复活的时候，“巴”能再次与其结合在一起。另一种灵魂称做“卡”，是人生而具有的，它在死者生前，与死者本人同在，“卡”类似于一个人的替身，但一直要等到这个人死去才开始起作用，在本人死前，它先于死者来到来世，使死者在那里能得到充沛的能量。前提条件是死者的尸体不腐烂，更不能消失，“卡”是一个人死后到来世继续生存的另一个自我，它继续依附于尸体，其依附时间由尸体保存情况而定，故死后，要继续对“卡”做特殊供应。所以在埃及人的语言里，坟墓本身即被称为“卡的住所”。

“巴”和“卡”一起能在坟墓里享用死人亲属送来的供品和祭品，出于对死后永生的信念，埃及人死后，尸体必须保存好，不让它腐烂，以便飘荡的灵魂“巴”有家可归，也让“卡”有所依附。没有尸体，“卡”和“巴”就失去了栖息之地，没有办法与它们的主人团聚并重新获得死者原有的个性。古埃及人认为，人死不过是从一个世界走向另一个世界，是灵魂与肉体的暂时分离，总有一天他们会重新结合，但这种结合并不是说死去的人重新回到人间，他们只能生活在地下王国。

这种信念产生两个后果：一是重视坟墓的修建，二是制作木乃伊，使之成为死者灵魂依附的基础。

为了来世的复活和幸福，古代埃及人十分重视死后生活的安排。法老们挖空心思为自己建造永恒的居所，从马斯塔巴到金字塔，再到帝王谷，无一例外。普通埃及人也是不惜花费毕生精力和全部财富，他们建造陵墓，购置棺材，雕刻墓葬，以确保死后的居所适宜来世的生活。古代埃及王宫及民宅等世俗建筑，在规模和装饰上，都比不上冥世的建筑。古埃及人认为，现世是短暂的，来世才是永恒的。这就是在埃及看到的都是陵墓和庙堂，而找不到古代村落遗迹的缘故。第一中间期（公元前2181～前2040年）的动荡曾一定程度上动摇了人们对来世的信仰。这一时期的混乱，导致前代国王的金字塔大规模被盗掘，法老的木乃伊被抛弃于荒漠，失去了庇佑其升天的场所，这一切让埃及人内心充满了恐惧，于是，奥西里斯审判的故事广为流传。

奥西里斯是自然万物之神，他的父亲是地神，母亲是天神。有关他死而复生及为何成为冥神的故事在埃及广为流传。奥西里斯原来是一位贤明的国王，他用智慧和仁慈换来的权力和名望，受到他弟弟塞特的妒忌，杀兄之念油然产生。塞特让匠人按他哥哥的身材，用黄金造了一个华丽无比的柜子。一天晚上，他宴请哥哥和贵宾，席间，塞特抬出柜子，宣布说：“谁躺在里边合适，我就把这金柜送给他！”他故意找来几个身躯大于柜子的人躺进去，都不合适。塞特便对哥哥奥西里斯说：“哥哥，你肯定能躺进去，这价值连城的金柜只配你拥有。”当奥西里斯一躺入金柜，塞特就立即叫事先安排好的人把柜子锁上、封死，扔进了尼罗河，自己称王代替了哥哥。奥西里斯的妻子伊西斯悲痛欲绝，沿河追寻，终于在河口处的大海中找到了这个金柜。伊西斯便请求天神让她丈夫复活。弟弟塞特听说伊西斯找回了哥哥的尸体，他仍不罢休，残忍地将奥西里斯的尸体剁成14块撒到埃及各地。但伊西斯历尽艰辛，花了很大的力气，用了很长的时间，又把散落各地的14块尸块找了回来，伊西斯在哭尸时，生下了儿子荷拉斯。伊西斯将荷拉斯抚养成人。荷拉斯在民众的支持下，打败了塞特，为父报仇雪恨。他继承了父亲的王位，重新当上了埃及国王。而伊西斯的丈夫也得以复活，成为冥界之王，由他施行对新入冥国的人的审判，决定此人是否可以拥有永恒的来世。

伊西斯女神怀抱儿子荷拉斯

这则神话反映了埃及人最初的自然观和宗教观。奥西里斯死而复活的神话故事，使古埃及人更坚定了制作木乃伊的热情，相信世界的永恒。

传说奥西里斯每年的死亡和再生是和埃及的农历相符合的，象

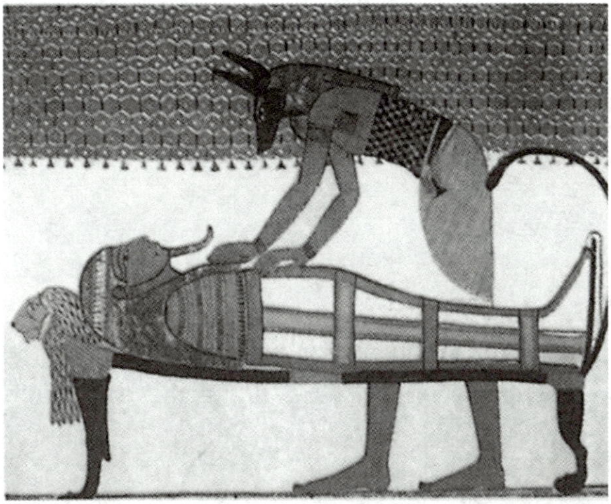

在埃及的信仰中，冥神是人身豺首的形象，因此在制作法老的木乃伊时，要由专门的人装扮成冥神的样子来进行

征着自然界季节的变化，埃及的自然环境变化的规律是每年出现一次土地干燥化，接着尼罗河泛滥，人们利用水利灌溉培植作物，丰收后又是一片荒地。到了下一年，大地又复苏，河水泛滥以至循环无穷。源远流长的尼罗河，一年泛滥一次，给埃及人带来了生命，万物随着尼罗河水的泛滥而复苏、繁荣。这种周而复始使古代埃及人相信世界是永恒的，由无数的反复而组成永恒。万物惧怕时间，时间惧怕尼罗河。

还有神话传说，尼罗河泛滥，是因为女神伊西斯的丈夫遇难身亡，伊西斯悲痛欲绝，泪水倾盆，落入尼罗河中，河水上涨泛滥。每年6月17日或18日，埃及人就举行落泪夜的庆祝会。8月，洪水漫过河床堤坝淹没土地时，人们又要举行庆祝会，庆祝泛滥的河水为两岸带来肥沃的土地。20世纪40年代，埃及政府恢复了8月28日为尼罗河娶媳妇的风俗，称为忠诚节，新娘已不是真人，而是石膏制成的模特。神话传说是埃及人民对尼罗河神深情厚意的表达方式。

# 第二章
# 法老时期的兴衰与辉煌

约公元前6000年以后，埃及进入新石器时代和铜器、石器并用时代。生产工具的改进使生产力大为提高。可能是在西奈半岛，埃及人首先发现了铜。这一项发现在当时是偶然的，但是它却给古埃及社会带来了极大的改变。埃及人用这种质地坚韧的金属来制造刀剑和耕犁，逐渐摒弃了石器。大约在公元前4000年，埃及的社会生产力空前提高，社会财富和人口也大量增加。公元前3200年前后，埃及历史上第一个奴隶制国家诞生，进入王朝时期，也称法老时期。法老作为王朝的国王，其统治一直延续了3000年的岁月。

# 埃及法老的沧桑岁月

从公元前3200年前后埃及第一个王朝建立起，历经古王国、中王国和新王国三个时期共31个王朝，绵延3000年。因为王国的国王称法老，故称法老时期。期间经历过低谷和衰败，也经历过巅峰与辉煌。特别是在新王国时期，诞生过数位赫赫有名的法老，在古埃及的历史上写下不俗的篇章。公元前7世纪以后数百年，埃及的法老王朝逐渐衰败，终于在公元前332年，随着希腊马其顿亚历山大大帝侵入埃及，结束了绵长的法老时代。

被神鹰荷鲁斯拥抱着的埃及国王

早期，古埃及人是按照血缘关系聚族而居，形成数十个部族，叫做“斯帕特”，希腊人称之为“诺姆”，意为实行同一种“法”的地区，我们中国人则近似地把它译作“州”——城邦，这可谓是城市国家的雏形。那时，每个“斯帕特”都奉一种动物为“图腾”，作为守护神，如鹰、兔、蛇、黑牛等，后来，南部和北部分别形成两个较大的王国。南方的王国（下埃及）以灯心草为象征，把秃鹰作为王国的保卫者，国王头戴白色王冠；北方的王国（上埃及）以纸草为图腾，以眼镜蛇为其守护神，国王头戴红色王冠，双方都企望着吞并对方。相传公元前3200年前后，南部国王米纳征服了北部王国，统一全埃及，自称“天下四方之王”，建都于孟菲斯，埃及由此进入王朝时期，埃及历史上第一个奴隶制国家由此诞生。统一之后，埃及开始了有文字记载的历史。因此，埃及成为人类最早进入文明的地区之一。

上埃及国王的保护神——荷鲁斯

从埃及进入王朝时期后，经历了古王国时期（公元前2686～前2181年）、中王国时期（公元前2181～前1567年）、新王国时期（公元前1567～前1085年）。从第一王朝开始，到公元前332年希腊马其顿王征服埃及止，埃及共经历了31个王朝，因为统治的国王称法老，故史称法老时期。由于尼罗河的重要性，控制尼罗河成为一件头等重要的大事，在这3000年的历史长河中，法老的权威也正是在

“纳尔迈青石板”，在石板的右上方，象征南方的秃鹰站在一束纸草上，一只爪子抓住了北方的眼镜蛇，石板的中央是头戴圆锥形王冠的米纳，他正在杖击埃及的俘虏（左）
在一个黑色铜制大烛台的底座上，刻有埃及的象形文字，然而这象形文字很长时期无人理解（右）

埃及人与尼罗河的相依、相争中形成的。古王国时期埃及人创造了象形文字，即“神圣的雕刻”。法老们注重国家边界的安全以及与邻国苏丹的贸易，埃及迎来了历史上第一个古文明发展的辉煌时代，建成了第一座金字塔（萨卡拉金字塔），兴起了“金字塔时代”。随着农业和工业的发展，埃及人开始利用内河船队运送他们的产品。海运也相当发达，同古埃及其他闻名遐迩的行业一样，航海成为组织严密的行业。

古王国时期之后，经历了141年第一中间期，这是埃及古文明发展中的第一个低谷期，国家再度分裂为两部分，在上、下埃及先后建立了5个小王朝。直到公元前2040年，定都于底比斯的上埃及统治者重新统一了全国，开创了中王国时期。

中王国时期的国王们重视对人民更有益处的项目。该时期农业昌盛，手工业发展很快，还多次用兵向南、向西奈、向巴勒斯坦等地扩张。这个时期埃及的肖像制作与珠宝制作艺术都达到了很高的境界。但在中王国末期经历了一次全国性大起义，法老被废除，埃

建于第三王朝的萨卡拉梯级金字塔

及处于四分五裂的态势。这时西亚的喜克索人趁机而入，统治了埃及100多年，史称第二中间期，为埃及文明发展史上的第二个低谷期。直到公元前1567年，底比斯的地方统治者阿赫摩斯一世国王打败了喜克索人，并把他们赶出埃及东部边界，并追击到西亚，把巴勒斯坦纳入版图，开始了一个新的时期——新王国时期。

新王国时期的埃及，成为东至幼发拉底河、南到尼罗河第四瀑布的庞大帝国，成为历史上最古老的幅员辽阔的帝国，也达到了埃及古文明发展的巅峰时期。就在这个时期，诞生了数位赫赫有名的法老。如第一位女法老哈特谢普苏特、20年中17次远征亚洲的图特

古埃及第十一王朝时期的彩色浮雕作品

摩斯三世、埃及第一位一神论者埃赫那吞、富甲天下的阿蒙诺菲斯三世以及少年法老图坦卡蒙等。直到拉美西斯三世，这位埃及帝国最后一位大法老于公元前1151年去世，由他苦苦支撑的这个行将崩溃的法老帝国迅速坍塌。

从第21王朝以后，埃及先后被亚述人、波斯人占领，埃及的法老王朝已是岌岌可危、徒有虚名，这样历经半个多世纪的苟延残喘，直到公元前332年，希腊马其顿王亚历山大大帝侵入埃及，灭波斯王朝，结束了绵延3000年之久的法老时代。

法老门卡乌和妻子立像

# 法老的威权与金字塔

法老时期的埃及，政权的精神支柱就是“君权神授说”。法老被认为是不同凡人的“神”，具有绝对的权力。法老的权威表现在各个方面，但离不开尼罗河。他们是土地的最高所有者，可以随意赏赐土地给寺庙和大臣，以换取忠诚；他们把尼罗河的灌溉放在首位，并借此横征暴敛，征收地租，使农民和奴隶们苦不堪言，特别是沿着尼罗河两岸建造的座座金字塔，成为法老专制和暴虐的生动缩影，金字塔作为法老们的陵墓，其高、其大、其辉煌、其神秘，不仅创下了多个世界之最，而且给人类留下了无数的谜团。

阿蒙内姆特法老的狮身人面雕像

王朝时期的埃及，法老作为君主，具有绝对的权力，被认为是不同凡人的“神”。尽管法老和常人一样也有思想感情，有爱有恨，有愤怒，有欲望，但从各个时期留下的文字记载看，人们都是根据一个理想的标准，用一个格式来描述被神化了的法老，其政权的精神支柱就是所谓的“君权神授说”。

法老的意志就是法律，政权的物质支柱是军队，法老凭借军队对内统治，对外侵略。法老之下设宰相，辅佐法老统摄财政、司法、军事、祭祀和水利等中央部门，地方上州长统治，但州长必须由法老任命并对法老负责。这一切高官厚爵都由王室成员及贵族担任和把持。大臣们朝见法老时都要匍匐在御座前面。

法老的威权在很大程度上是建立在尼罗河灌溉农业发展的基础上。历任法老都把土地视为最大和最宝贵的财富，法老是全国土地的最高所有者。法老每年向农民征收1/5的实物地租，并把大片土地赏赐给寺庙和大臣，以换取他们对自己的忠心。农民和奴隶们则苦不堪言。在新王朝时期留下的一份纸草文书里记载了当时征收租税的情况：税吏靠近堤岸，登记收获，后面跟着手持棍棒的看门人和手拿树枝的黑人。税吏对农民说：“给谷子”，而他没有。他被打倒，被捆起来扔进河渠。他头朝下沉没下去……

法老权力之大，对人民的专制与暴虐，从金字塔的建造上也可以看到一个生

夕阳下的金字塔

动的缩影。

一提到埃及，人们首先想到的就是金字塔，因为金字塔是那么辉煌，那么庞大，而又那么古老，那么神秘。在埃及已查勘到的金字塔有80多座，只是因为自然的风化和人为的破坏，目前尚属完整的有30多座。它们都位于尼罗河下游西岸，绵延100多公里。这些大大小小的金字塔，是法老们的陵墓，而这种布局与埃及的生死观有关。古代埃及人以尼罗河为界，东岸是太阳升起的地方，是生命源头的象征，为“生界”；而太阳降落的西岸则是亡灵的世界，称为“死城”。活人都生活在东岸。

埃及人自古就有灵魂不灭的理念。金字塔的修建正是在古埃及法老们大修坟墓的历程中不断发展成形的。

“金字塔”源自希腊语，意为“糕饼”，指古代希腊人常食用的一种尖顶状的糕饼。汉语译为“金字塔”，是因为它的形状颇像汉字中的“金”字。金字塔为什么要建成金字形呢，这正是出于灵魂复活和永生的需要。金字塔外观呈四棱锥体，底面为正方形，四个侧面为等腰三角形，四条棱象征着从太阳射向地面的光线，采用这种形状，意味着法老死后要享受太阳神“拉”永恒的保护，享受死后永久的再生。远远望去，金字塔那尖尖的方锥体就像一条通天之路，在一座金字塔内发现的一处铭文写道“……法老长眠在通向天堂的阶梯上，他能由此迈步进入天堂”，无疑，法老们把复活和永生的希望寄托在金字塔上了。

其实金字塔最初并不是这种形状，它有一个演进的过程，这要从埃及的丧葬形式谈起。

埃及最早的墓葬很简单，即在沙地里挖一个坑埋下尸体，后来有了坟墓，因其酷似农家的坐凳，而被称为马斯塔巴，即凳子之意。

第一王朝时期，马斯塔巴已初具规模。从第三王朝起，法老决定在墓葬形式上区别于贵族和普通百姓，以表现其唯我独尊的地位和身份。当

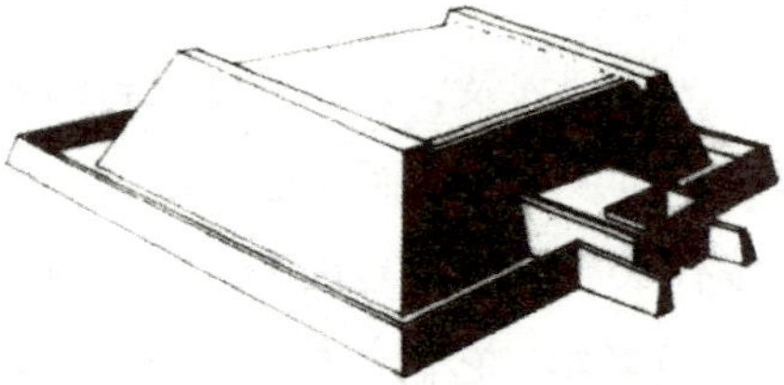

“马斯塔巴”复原图

时一位天才的建筑师伊姆荷太普设计了这样一种坟墓。伊姆荷太普是一位颇具传奇色彩的人物，他原是一个小官吏，因为有惊人的智慧和渊博的学识而受到法老的器重，成为一个非常显赫的人。他为重用自己的法老乔赛尔修建马斯塔巴时，为了体现君主的威严，他别出心裁，采用石料将已建成的马斯塔巴向四周扩展，增加了几层，马斯塔巴层叠在一起，逐层缩小，最后呈梯状，几经扩建，建成了一座6层金字塔。伊姆荷太普因为在建筑等方面的杰出成就被誉为“设计巨大建筑的第一位巨人”，被后代奉为智慧之神。

乔赛尔法老的阶梯金字塔只是金字塔建筑的雏形，真正意义上的金字塔开始于第四王朝时期法老斯涅弗鲁。第四王朝的法老们更加骄纵无度，不计代价地兴起造墓之风。由“梯级金字塔”到“弯

乔赛尔王的阶梯金字塔

曲金字塔”，直至修成角锥体金字塔，成了此后的王朝法老们修建自己陵墓的典范，被称为真正的金字塔的开端。之后出现的最能代表金字塔建筑特点的三大金字塔都建于第四王朝，分别是胡夫金字塔、哈佛拉金字塔（它的前面有著名的狮身人面像）和孟考拉金字塔，这三座金字塔，不仅规模宏大而且保存完整，是金字塔建筑艺术的典范。

历任法老为自己修建金字塔，前后持续了约1000年之久（公元前27～前18世纪）。虽然塔的高度、边长、角度不尽相同，但外观都是不变的“金”字形。由于金字塔起源古王国时期，而且最大的金字塔也建在该时期，所以古王国时期又被人们称为“金字塔时代”。

胡夫金字塔位于开罗西边约16公里处，塔高原为146.59米，经过长期剥蚀，现为137米。据估计，这座金字塔中的石块总共有230万块，平均每块重量为2500公斤，最重者可达30吨。它是胡夫在公元前2550年左右建造的，至今已逾4500年，很多人都相信它是有史以来最大的坟墓。当巴黎铁塔在1887年完成时，胡夫金字塔仍是世界上最高的建筑物。它的底基很大，它的四个边每边约有230

胡夫金字塔

米长，边长误差不超过20厘米，四个角也正确地朝东西南北四个方位。胡夫金字塔也称大金字塔。

与胡夫金字塔毗邻的是其子哈夫拉的金字塔。哈夫拉金字塔的地基要比他父亲的高，虽然其底部的规模较小，但因为它的四个面角度陡峭，因而显得更高大，完全可以跟他父亲的媲美。另外，还可以看出，为了弥补体积的不足，哈夫拉使用的是更坚硬的红色花岗岩修筑塔身，用加工精细的大理石修造自己的石棺。在哈夫拉金字塔附近是巨大的斯芬克斯——狮身人面像，人面上仍然可以看出所戴的皇家头饰和假髯。也许整个石像曾用石膏包裹且上了色，但人面部分曾于19世纪被阿拉伯枪手们当做靶子，因此现在已经惨不忍睹。

哈夫拉金字塔

吉萨金字塔群中的第三个金字塔是哈夫拉的继任(或许还是他的弟弟)孟考拉之墓。这座塔比另两个小多了，孟考拉也想用红色的花岗岩作外壳，但只完成了底部，而且从做工的粗糙程度和法老雕像的数量不足来看，完全是草草了事。在筑道的尽头靠近河岸的地方是塔谷建筑物，只是一些规模较小的庙宇，这是第四王朝金字塔建筑群模式的一个组成部分，用来过渡法老的遗体，被视为他的着陆

孟考拉金字塔

点。法老的遗体从皇宫顺流而下，象征着渡过冥河，经过这个着陆点之后，被送到邻接塔身的灵堂。

在三大金字塔的四周，分布着多座矮小的属于同时代权贵们的坟墓，它们犹如众星捧月般地围绕在硕大的法老金字塔的脚下，依然照示着对法老威权的忠诚。

吉萨的三大金字塔：胡夫、哈夫拉、孟考拉

# 安克桑普提——埃及“老佛爷”式的女王

21世纪初，4300年前埃及王国安克桑普提女王的墓穴在考古学家的挖掘中再见天日，她成为第一个被发现在墓穴内壁刻上“金字塔铭文”的埃及王后。那一个个象形文字越过数千年的封锁映入眼帘，它记述了古埃及的宗教戒律和有魔力的咒语，目的是帮助死者在阴间顺利穿越黑暗到达永生的彼岸。铭文中还记载了这位埃及王后的传奇一生，揭开了这位三世摄政的传奇女子的神秘面纱，她的摄政经历颇与四千多年后中国清朝的“老佛爷”有相通之处。

安克桑普提女王雕像

1922年，是埃及考古史上值得大书特书的一年，那一年年底发掘的第十八王朝法老图坦卡蒙（公元前1361～前1352年在位）陵墓使人们第一次看到了一个近乎完整的埃及法老的陵墓原貌，并在通道里首次发现了这样的咒语：不论是谁骚扰了法老的安宁，死神之翼将在他的头上降临。时隔80年，即在21世纪初，4300年前古埃及王国安克桑普提女王的墓穴再见天日，从猎奇角度出发，虽然这次不如上一次的发现让人称奇，但在考古学家眼里，这次的价值一点不亚于图坦卡蒙陵墓的发现。此前人们从未发现过年代如此久远的象形文字，而且又是铭刻在一个王后的墓穴中！

随着考古学家手中毛刷一点点扫过石块上的浮尘，一个个象形文字越过千年的封锁映入眼中。这些被称为"金字塔铭文"的象形文字被镌刻在石室墓穴的四壁上，其内容是古埃及的宗教戒律和有魔力的咒语，目的是帮助死者在阴间顺利穿越黑暗到达永生的彼岸，并不被骚扰。在这一次的发掘中，考古学家还发现了记载这位埃及王后传奇一生的铭文，揭开了古埃及历史中这位三世为王的传奇女子的神奇面纱。

安克桑普提王朝统治在古埃及的第六王朝，距今大约4300年，其中安克桑普提女王是王朝中不折不扣的女强人。第一次结婚嫁给派提一世，继而再嫁，嫁给派提一世的侄子菲昂内一世，这次婚姻给她留下了一个儿子，这就是后来的安克桑普提二世。由于安克桑普提二世继位时还只有6岁，她便顺理成章地当上了女摄政。安克桑普提女王的传奇一生很容易使人联想到中国的慈禧太后。三世一统的摄政经历的确与四千多年后中国清朝的"老佛爷"有相通之处。但这只是表面。透过研究那些被孔雀石颜料染上色彩的象形文字，人们看到了更加强劲丰满的形象：一个在政治上成功执政、在感情上专一的女人。

安克桑普提女王的铭文中写到：“为派提一世而生”，这显然是人们对她感情专一的赞许。至于第二次婚姻，也许是一种政治手段，其目的是为带来一个儿子。这样，作为一个王位继承人，可以摆脱寄人篱下的局面，从而使自己的地位变得巩固。此外，从沙子里出土的文物除刻有象形文字的石块，还包括一些织布机的零件、陶器。这些私人用品使人们想到这个女王首先是一个女人，其次才是威严的政治家。

安克桑普提女王显然没有料到，自己在几千年之后被现代人冠以女权主义先锋的美名。在后来人眼里，这是第一个在墓穴中内壁刻上“金字塔铭文”的埃及王后，其行为不但被后世王后所效仿，以至于到了古埃及的衰落期，连普通人都可以在棺材里刻上这种求得永生的铭文。于是就有考古学家调侃地说：“这位女王使‘永生’最大限度地民主化了。”

在女王墓穴的铭文中，到处充满了对求生的渴求。一段文字记载了她在尼罗河每年一次的泛滥后来到田里播种谷物，由此象征生命的复活。她的铭文中还有这么一句：“尊名永垂不朽，长存于世。”4300年后，考古学家手中的工具使她再次出现在世人眼前。咒语真的发挥了魔力，女王在苦苦等待了四千多年后，以这种意想不到的方式获得了永生。

# “拿破仑”式的法老——图特摩斯三世

图特摩斯三世是埃及帝国的完成者，他执政路途虽不平坦但却十分辉煌。他6岁继位，不得已由他的母亲——雄心勃勃的哈谢普苏特摄政，不久母亲自己加冕为王，将儿子图特摩斯软禁在阿蒙神庙中。1481年，女王突然死亡，图特摩斯复位。他很快安定了国内局势，并调整埃及帝国的方针，穷兵黩武，17次远征中亚，拓展了埃及帝国的版图。因为他的赫赫战功，后人称他为尼罗河上的拿破仑。从严格意义上说，从图特摩斯三世起，埃及的国王才称为法老。

图特摩斯三世黑色花岗岩雕像

埃及帝国的完成者是著名的第十八王朝图特摩斯三世。他执政的路途虽不平坦，但却十分辉煌。

新王国建立后，法老们不断向周边扩张。在图特摩斯一世时，埃及已将疆土向东北拓展到了西亚的腹地，直抵幼发拉底河。埃及士兵第一次见到由北向南流动的河，与尼罗河相反，所以他们把幼发拉底河称为“逆流的河”。向南部拓展到尼罗河第三瀑布。这时的埃及人开始有了强盛感。图特摩斯二世继承其父王位8年后就死去，此时，图特摩斯三世年仅6岁，图特摩斯二世的王后，也是其同父异母的姐姐哈谢普苏特摄政，她是一个雄心勃勃的女性，不满足于摄政的地位，不久，于公元前1503年她自己加冕为王，行使法老的全部权力。她穿着男装，戴着只有法老才能佩戴的假须，处理朝政。她在位期间，图特摩斯三世被软禁在卡尔纳克的阿蒙神庙中。

哈谢普苏特女王祭庙

古埃及的国王都愿意下巴留着胡须，并且要戴假髯——只有国王才能戴假髯。哈谢普苏特登上法老宝座后，为了使自己名实相符，也戴上了假髯，女扮男装。她还宣称其生父是阿蒙－瑞神，图特摩斯一世是其替身。在加冕典礼前，为了向阿蒙－瑞神表示敬意，哈谢普苏特在卡尔纳克神庙前修建了一对方尖碑，高约56米，全部表面都用金箔覆盖。不过，哈谢普苏特上台后的最大业绩就是发展海外贸易。她不主张用军队扩张领土，掠夺别国资源，而主张通过发展贸易来增强国家的经济实力。她率领一支船队到达位于今天索马里或埃塞俄比亚等红海周边的小国，把黄金、皮毛、狒狒、香料等运回埃及。

公元前1481年，哈谢普苏特突然死亡，有学者怀疑她是被图特摩斯三世所杀。

女王死后，图特摩斯三世得以复位，并立即下令将哈谢普苏特葬祭庙及其他建筑物上她个人的图像以及名字全部涂抹铲除破坏，她的雕像的头部也全被砸掉。

在哈谢普苏特掌权的日子中，图特摩斯三世只能寄人篱下，然而，在这种特殊的环境下，他却受到了良好的军事训练和教育，这为他以后的军事活动奠定了良好的基础。他具备了一个统治者应有的所有品质，他的业绩卓著，从未在战争中失手；在行政管理上，他也超越了前人；他是一位卓越的政治家，还是一个彻彻底底的骑师、射手、运动员。

在哈谢普苏特执政期间，埃及没有发生过战争，邻国每年都要向埃及进贡。图特摩斯三世（公元前1490～前1436年）亲政后，仅在几个月内就安定了国内局势，做好了军事上的准备，随后亲自率军远征西亚。在此后的20年中，图特摩斯三世17次远征叙利亚、巴勒斯坦，战败了米丹尼王国，迫使其退至幼发拉底河以北。他的胜利震撼了整个西亚和中亚，米丹尼从此不再与埃及为敌，且成了埃及的盟友，还多次与埃及联姻。亚述、喀西特、巴比伦也纷纷与埃

图特摩斯三世送给图蒂将军的金盘，奖励他在巴勒斯坦建立的功勋

及交好，巴比伦将一位公主嫁给了埃及法老。图特摩斯三世还将埃及的南部边界推进到了尼罗河第四瀑布以外。

图特摩斯三世在战争中显示了他的军事天赋：他知道后勤和军队补给线的价值，知道快速运动的重要性和突然袭击的威力，知道人道地对待战俘。他领导了几场可以当做作战范例的战役，他大概是历史上第一个利用海的力量战胜敌人的指挥者。图特摩斯三世征战一生，创造了一个空前繁荣的埃及，形成了埃及历史上空前的大帝国，图特摩斯三世完全可以和拿破仑相比，但是他又不同于拿破仑，他从未失掉过一场战争。他在执政期间建立了帝国的和平，巴勒斯坦和叙利亚都心甘情愿地臣服于他的统治。严格意义上说，从图特摩斯三世起，埃及的国王才称为法老。

# 埃赫那吞的宗教改革

埃及的法老们，都以“王权神授”之说巩固其统治。到第十八王朝（公元前1550～前1295年），当阿蒙神庙和祭司的财富及权力之大威胁到法老的王权时，为了摆脱阿蒙神庙、祭司的驾驭，阿蒙霍特普四世推出“阿吞神”，并将自己的名字改为“埃赫那吞”，意为“阿吞神满意的人”。极力以阿吞神崇拜代替阿蒙神崇拜，借以打击底比斯的阿蒙神庙势力。然而，取消传统的崇拜谈何容易！埃赫那吞的宗教改革终因缺乏上层的支持而失败，埃赫那吞被认为是埃及法老中的一个异端。

埃赫那吞

综观埃及历史进程，统治者都以宗教为其政权支柱。“王权神授”的君主专制统治早在古王国时期就已经确立起来，到了新王国时期，法老则进一步利用“王权神授”之说巩固其统治地位。

阿蒙神原来不过是底比斯的一个默默无闻的地方小神，在古王国时期不甚重要。到了中王国时期，由于底比斯被确立为国都，阿蒙神一跃上升到国家主神的地位。进入新王国时期后，底比斯继续作为第十八王朝的首都，阿蒙神的地位也越来越高。

第十八王朝法老与阿蒙神庙的密切关系由来已久，当时篡夺王位的女法老哈谢普苏特虚构了阿蒙神与其母婚媾而生她的神话，以此证明她王位的合法性及其神圣的来源，并奉献给阿蒙神大宗财产。图特摩斯三世幼年时曾经在阿蒙神庙当过祭司，并在祭司势力扶植下得以恢复王位，因而对阿蒙神庙的赠馈特别丰厚。他在位时屡次对西亚用兵，把每次对外军事远征的胜利都归功于阿蒙神的保佑，赠给阿蒙神庙大量俘虏和数不胜数的战利品。他一次就将在南黎巴嫩拿下的 3 座城市赠予底比斯阿蒙神庙，就连埃及本土的大片土地，亦慷慨相赠。阿蒙神庙祭司握有巨额财富后，凭借雄厚的经济实力，开始干预国政。他们在法老政权中起着举足轻重的作用，插足宫廷纠纷，出任要职，权势扶摇直上。到阿蒙霍特普三世在位期间，阿蒙神庙祭司

阿蒙－拉神在中王国时期即成为全国之神

埃赫那吞王后雕像——世界上最美的女子雕像之一（现藏柏林博物馆）

的财富和权力之大，直接威胁到了法老王权。

阿蒙霍特普三世死后，由他的儿子阿蒙霍特普四世（约公元前1379～前1362年在位）继承王位，他就是埃及历史上以宗教改革著称的埃赫那吞。这时，阿蒙神庙势力有增无减。这位新法老决意摆脱阿蒙神庙祭司的驾驭。

法老同阿蒙祭司的斗争，采用了一种独特的宗教改革的形式。最初，阿蒙霍特普四世采取较温和的办法，他企图以拉神与阿蒙神抗衡。他在底比斯为拉神建庙，并宣布自己是拉神的最高祭司，引起了阿蒙神庙祭司的强烈反对，未能如愿。这种形势迫使他与阿蒙神庙祭司彻底决裂。他采取断然措施：创立太阳神阿吞的一神教，自封为阿吞神的最高祭司，不允许崇拜阿蒙神和其他一切地方神。同时下令封闭阿蒙神和其他神庙。这些神庙的祭司被驱逐，庙产被没收。他还把大批石匠派往全国各地，磨去一切公共场所和神庙墙壁上从前诸神的名字，尤其是磨去令他所憎恨的阿蒙神的名字，甚至连他父母阿蒙霍特普三世名字中的阿蒙字样也难以幸免，同样被剔除磨掉。他将自己的名字改为“埃赫那吞”，意为“阿吞神满意的人”，并赐名王后“涅菲尔提提——阿吞”的尊号，意即“阿吞是美中之美”。埃赫那吞毅然决然地离弃京城底比斯，将王国之都迁至中部埃及的埃尔·阿玛尔那。在一片荒漠之中，他耗尽巨资修建起辉煌的宫殿、宏伟的神庙、豪华的贵族及大臣官邸和国家行政机关，将这座美丽的城市命名为“埃赫塔吞”，意思是“阿吞光辉照耀之地”。埃赫那吞在位的第6年，新都落成，他带领自己的宫廷人员、官吏、阿吞神祭司一起前往新都。他的这一班人马，主要是从军队中提拔起来的新人，他们人数虽然不多，却是埃赫那吞实行宗教改革的中坚力量。

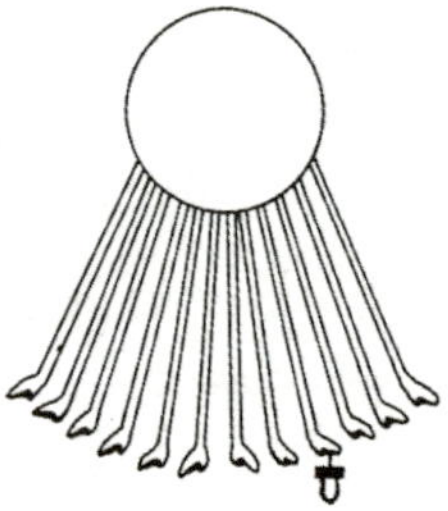

阿吞外形为红色日盘，光线末端是手

埃赫那吞发动了这场声势浩大的宗教改革运动，想以此迫使埃及人接受阿吞神和新的崇拜方式，以挫败阿蒙神庙祭司的权势，恢复昔日法老的权威。然而，传统的崇拜并不那么容易取消。阿吞神的崇拜对埃及平民百姓的影响甚微，他们仍然坚持传统的信仰，因而阿蒙神在民间一直享有很高的威望。底比斯阿蒙神庙势力也并没有因受到打击而土崩瓦解，阿蒙祭司与埃及的名门望族沆瀣一气，对致力于宗教改革的埃赫那吞阳奉阴违，顽固抵抗。埃赫那吞统治

卡特发现的图坦卡蒙墓穴在发掘中吸引了大批游客

的末期，国内政局动荡不安，疾疫流行，国内发生了骚乱。与此同时，小亚细亚兴起的军事强国赫梯蒸蒸日上，并南下逼近埃及在西亚的属地叙利亚。就在这时，埃赫那吞却把那里的埃及驻军撤走。赫梯人乘机继续向南推进，占领了埃及属地的许多地区和城市。叙利亚、巴勒斯坦的告急信如雪片飞来，埃赫那吞对此却置若罔闻，那些效忠于埃及的属地统治者因迟迟不见法老援兵，便纷纷脱离埃及，致使埃及在西亚的属地丧失殆尽。埃及西亚属地的丢失引起了军队高级将领的强烈不满，他们倒向了阿蒙神祭司一边，加速了宗教改革的失败。埃赫那吞统治埃及17年，死后，他的继承人图坦哈吞向阿蒙神庙祭司妥协，将首都迁回底比斯，并将自己的名字改为“图坦卡蒙”，意为“阿蒙的活生生形象”，以表示恢复对阿蒙神的崇拜。图坦卡蒙9岁即位，死时才18岁。这位本来无所作为的法老，因为他的保留完整的陵墓于1922年被英国考古学家卡特所发现，曾轰动世界，使他成为今日世界所共知的埃及著名法老之一。

图坦卡蒙的黄金面具

图坦卡蒙遽然早逝，继任者之后彻底恢复了阿蒙神及其他地方诸神的崇拜，归还了被没收的阿蒙神庙的土地财产。手持凿子的石匠再度出现在埃及的公共场所和神庙，像过去除掉阿蒙的名字那样，把埃赫那吞的名字剔除出去。埃赫塔吞城被完全废弃，任其荒凉，在那里沉睡了2500余年，直到19世纪被考古学家发掘时才得以重见天日。

# 拉美西斯二世与赫梯的争霸斗争

拉美西斯二世是埃及历史上最负盛名的法老。他好大喜功，执政前期致力于开疆辟土，与赫梯为争夺叙利亚的统治权而征战；后半生致力于建筑——修建大量的神庙。现在埃及留存的神庙几乎都有拉美西斯二世时期留下的印记。他在埃及的盛名，也许并不是他有什么赫赫战功和累累政绩，而是他刻在石头上的太多的自己的名字。他妻妾成群，具备一个伟大帝王所有的优缺点。

阿布·辛比勒神中的壁画。拉美西斯二世站在战车上

约公元前14世纪，当埃及忙于宗教改革无暇他顾时，占据着小亚细亚地区的赫梯人迅速崛起，并积极向叙利亚推进，逐步控制了南至大马士革的整个叙利亚地区，沉重打击了埃及在这一地区的既得利益。

古代叙利亚地区位于亚、非、欧三大洲之交界，扼古“锡道”要冲，是古代海陆商队贸易枢纽，历来为列强必争之地。

约公元前1290年，埃及第19王朝法老拉美西斯二世即位（约公元前1304～前1237年），决心重整旗鼓，与赫梯一争高低，恢复埃及在叙利亚地区的统治地位。为此，拉美西斯二世厉兵秣马，扩军备战，组建了除埃及人外还有外国雇佣军团共4个军团2万余人的兵力，于公元前1285年，拉美西斯二世御驾亲征，率军团北上开赴奥伦特河谷的卡迭石地区。卡迭石地区，河水湍急，峭壁耸立，地势险要，是联结南北叙利亚的咽喉要道，也是赫梯军队的军事重镇

拉美西斯二世（左）
巨大的拉美西斯二世头像（右）

拉美西斯二世神庙的立柱（左）
拉美西斯二世和他的妻子娜法塔莉，位于卡尔纳克神庙（右）

和战略要地。埃军试图首先攻克卡迭石，控制北进的咽喉，尔后再向北推进，恢复对整个叙利亚的统治。

就在埃及举兵北上之际，赫梯的攻势也全面展开，集结了包括2500～3500辆战车在内的2万余人的兵力，隐蔽于卡迭石城堡内外，拟诱敌进入伏击圈。

拉美西斯二世率军在卡迭石附近高地驻宿一夜后，于次日清晨指挥主力部队向卡迭石进发，意欲在黄昏之前攻下城堡。拉美西斯二世率阿蒙军团冲锋在前，当阿蒙军团进至卡迭石以南8英里的萨布吐纳渡口时，截获两名赫梯军队的“逃亡者”，他们谎报赫梯主力尚远在卡迭石以北百里之外，并佯称卡迭石守军士气低落，叙利亚王有归顺埃及之意。拉美西斯二世信以为真，率部直抵卡迭石城下，陷入赫梯主力的包围圈。拉美西斯二世发现中计，立即派急使催促后备军团使其紧急来援。当缓军到达卡迭石以南的丛林时，再次遭到早已设伏于此的赫梯战车出其不意的攻击，埃军士兵四散逃命。在此危急时刻，埃军一支援军赶到。当战斗结束时，双方势均力敌，胜负未分，但双方却都有记载描绘如何胜利杀敌。此后的16年中，战争延绵不断，但规模都比较小。

长期的战争消耗，使双方无力再战。约于公元前1283年，双方缔结和平条约。条约全文以象形文字被铭刻在埃及卡尔纳克和底比斯寺庙的墙壁上。

这场古代埃及与赫梯为争夺叙利亚地区的控制权而引发的战争，其关键性战役卡迭石之战是古代军事史上有文字记载的最早的会战之一，战后缔结的和约也是历史上保留至今最早的有文字记载的国际军事条约文书。

拉美西斯二世是位好大喜功的法老，他统治长达60多年，军事方面虽无所建树，但他将自己的后半生用于修建巨大的建筑工程之中，他的名字在埃及的纪念碑和建筑上随处可见。也许因此人们才对他的印象深刻。拉美西斯二世妻妾成群，他具备一个伟大帝王所有的优缺点。在拉美西斯二世死后，埃及坚实的国家殿堂开始倾斜。

拉美西斯二世神庙

# 法老帝国的终结

拉美西斯三世是即将没落的埃及帝国的最后一位法老。他继位不久，即不得不为抵御来犯的利比亚人以及“海上民族”而征战。加上神庙势力的急剧膨胀，使埃及帝国日趋衰落，在他的苦苦支撑下，才维持了埃及帝国最后的强大。拉美西斯三世死后，埃及帝国很快进入混乱时期，国家权力被祭司、贵族和希腊雇佣兵控制，之后，亚述人、波斯人先后侵入埃及，直至公元前332年，希腊马其顿王亚历山大大帝进军埃及，结束了绵延3000年的法老时期。

法老帝国和法老的威严只能从后人描绘的金字塔去遐想了

埃及在长达3000年的法老时代中，只有少数几个法老可以被真正称做是伟大的国王，而拉美西斯三世可以说是他们中的一员。拉美西斯三世是埃及第二十王朝的第二位统治者。

拉美西斯三世至少有10个儿子，但是，他们中的大多数都比他们的父亲死得早。其中，有一部分死后被埋在了王后谷。

拉美西斯三世十分崇拜拉美西斯二世，在他统治的初期主要的任务就是收拾十九王朝末期留下的残局，巩固他的帝国。这个时期，南方的努比亚人十分温顺，他们屈服于埃及人的殖民统治。然而，在拉美西斯三世统治第5年的时候，埃及遭到了利比亚人的侵犯。拉美西斯三世很轻易地就解决了这次来袭，消灭了大部分侵略者，并将剩余的侵略者当做了奴隶。

到了拉美西斯三世统治的第8年，他不得不同一个危险的敌人

拉美西斯三世的像被绘在他儿子阿蒙·霍普谢夫的墓中，位于底比斯帝王谷中

进行战斗，这个新的敌人“海上民族”甚至消灭了像赫梯这样的王国。

有关拉美西斯三世抗击海上民族入侵的文献出现在第二瀑布的北面的外城墙上和他的祭祀庙内，拉美西斯三世命人绘制了这场战役的全部经过，这是一篇相当长的象形文字文稿。海上民族先来到了埃及的边境上，这并非一次简单的军事活动。他们携带了妇女和儿童，甚至家畜，还雇用了一支海军舰队，显然此行的目的是要移民埃及。拉美西斯三世为了抵御利比亚人和海上民族的不断骚扰，重金招用许多外国人充当雇佣兵。同时法老也热衷于在国内大兴土木，想以此来巩固传统的法律与秩序。大大小小的神庙，使神庙祭司集团势力急剧膨胀起来。在拉美西斯三世统治的末期，占埃及1/3的可耕种土地是属于神庙的，其中的3/4又是属于底比斯的阿蒙神庙。神庙势力的急剧膨胀，加上外族的入侵，使埃及帝国日趋衰落。

公元前1151年，拉美西斯三世死后，古埃及帝国在西亚地区的扩张已走到了尽头，叙利亚和巴勒斯坦地区的各个城邦国家逐渐脱

拉美西斯三世葬祭神庙

离了法老埃及的束缚，不再向埃及纳贡。同时，法老在埃及国内的统治也日渐崩溃，统治集团内部的争权夺利逐渐升温，尤其是王权和阿蒙神庙势力之间的争夺又起，以至到了公元前1085年，阿蒙神庙的高级祭司赫里荷尔轻易地夺取了王权，结束了第二十王朝，也结束了新王国时期，埃及进入政治混乱时期。这个时期，实际上分为两个部分，北方由法老统治，南方由阿蒙的祭司掌权。到拉美西斯十一世时，阿蒙神庙的首领实际上控制了国家权力，神庙僧侣与行政长官在埃及划地而治，埃及进入后帝国时代。

公元前526年，埃及第二十六王朝末代法老普萨姆提克三世在位时，强大的波斯帝国开始向埃及扩张，在埃及建立了第二十七王朝，埃及事实上已沦为波斯帝国的一个行省。波斯领袖冈比西斯是个残暴的君主，他在埃及虐待祭司，冒犯神灵，激起了埃及人的强烈反抗。公元前522年，埃及人趁波斯帝国内乱，发动起义。波斯帝国的新君主大流士迅速平定了国内和埃及的叛乱。为了巩固在埃及的统治，大流士采取了温和的政策，他尊重埃及传统的宗教和习俗，重建神庙，并开通了尼罗河和红海之间的联系，在此基础上，他更加疯狂地掠夺埃及的财富，埃及的法老王朝不过是徒有虚名，难逃覆灭的命运。

## 第三章
# 尼罗河上的希腊和阿拉伯时代

公元前332年，希腊马其顿王亚历山大击败波斯国王大流士征服埃及，结束了绵延3000年的法老王朝，埃及成为亚历山大帝国的一部分，并受到埃及人的欢迎。亚历山大在尼罗河入海口处建造了一座新城——亚历山大，作为统治埃及的中心，从这里开启了古希腊文明与古埃及文明的广泛交融，其科学、文化的繁荣发展对后世产生了深远影响。不过，这样的繁荣并未持续多久。随着公元前2世纪罗马帝国的日益强大，到公元前1世纪初，埃及被罗马控制，此后，演绎了一段“埃及艳后”的动人传奇故事。公元7世纪，随着阿拉伯人占领亚历山大城，埃及遂成为阿拉伯帝国的一个行省。由此，你可以看到除了尼罗河畔风采卓著的清真寺外，阿拉伯人萨拉丁和阿里都在尼罗河畔留下了浓墨重彩。

# 开启亚历山大时代

当亚历山大大帝进军埃及的时候，他和他的军队被当做解放者而受到欢迎，埃及成为亚历山大帝国的一部分。亚历山大开始了他在埃及雄心勃勃的计划，并在尼罗河入海口建造了新都城——亚历山大。只是在一切都没有完成的时候，他突然病死。其大将托勒密在埃及自立为王，开启了统治三个世纪的托勒密王朝，埃及再次成为一个辉煌的帝国。托勒密时代，希腊文化与埃及文化因交融而得以繁荣发展，被誉为“亚历山大时代”。

亚历山大追击大流士的战斗壁画

当公元前332年，希腊马其顿王亚历山大击败波斯国王大流士征服埃及，他立即宣布信奉埃及太阳神和尊重埃及神庙祭司，由此得到埃及祭司们的拥护，被当时的埃及人视为一位“解放者”。亚历山大在尼罗河入海口处建造了一座新城——亚历山大，作为统治埃及的中心，任命大将托勒密·腊加为埃及总督，治理埃及。

亚历山大肖像

尼罗河入海口处的亚历山大，这个地中海边的港口那时只是个偏僻荒凉的渔村，亚历山大大帝，这位来自地中海那边年轻的马其顿国王到达埃及后，将小渔村幻化成了世界上最雄伟的城市。亚历山大亲自勾勒了这座心中城市的轮廓，并以自己的名字为这座新城命名。然而他在公元前323年突然死去，未能享用这座大城市。

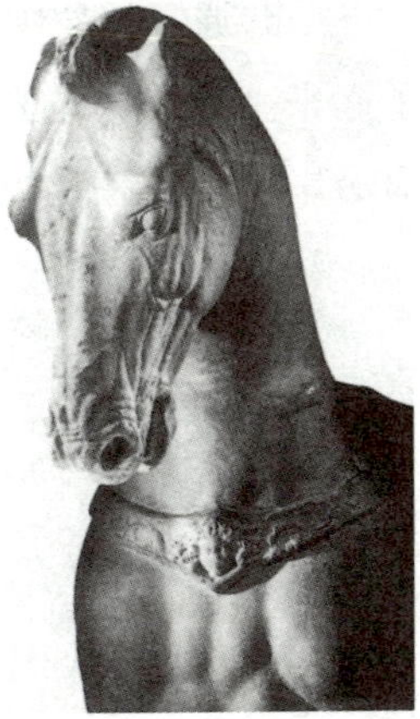
亚历山大的战马

亚历山大突然病死后，其部将们为争夺权力而互相攻伐，拥兵割据。帝国分裂，形成三个较大的王国，即马其顿王国、托勒密王国和塞琉古王国。直至公元前30年，它们先后被罗马帝国所灭亡。

公元前305年，托勒密在埃及自立为王，建立托勒密王朝。公元前3世纪中叶，托勒密王朝达到全盛，除埃及之外，还占有西林尼加、巴勒斯坦、南叙利亚、小亚细亚西部和南部、塞浦路斯、爱琴海诸岛屿、黑海沿岸等地。

托勒密一世和亚历山大大帝一样，是一位具有远见卓识的帝王。他在埃及制定和实施了一系列有利于政治、经济和文化发展的措施。

为了巩固在埃及的统治，托勒密一世继承了埃及法老的传统，实行中央集权的君主专制统治，又笼络埃及奴隶主阶级中最有势力和最有影响的神庙祭司集团。埃及祭司也因此宣称托勒密一世为“救主”，是埃及法老的合法继承人。

托勒密一世非常重视灌溉农业的发展，他兴建了大规模的水利灌溉工程，开垦了大片的肥田沃土，农业生产技术和生产工具也有新的改进，小麦的种植面积大大增加，约占谷类作物种植面积的80%。有些地区，作物一年两熟，产量大大提高，粮食自给有余，且能大量出口，埃及被称为“东地中海的谷仓”。

托勒密一世特别注重国际贸易的发展，实行开放政策，把首都亚历山大建成了当时最大的国际贸易中心。市内建有专门的商业街、贸易市场、豪华的旅社和银钱兑换所等。城外法洛斯岛上建有高大雄伟高达百米的大灯塔，指引着外国商船昼夜顺利地进出亚历山大港，成为古代世界的七大奇迹之一。托勒密一世下令开通了尼罗河至红海的运河，使地中海、红海和印度洋连接了起来。埃及对外贸易的范围扩展到北非、东非、叙利亚、小亚细亚沿岸、爱琴海诸岛

亚历山大灯塔——古代世界七大奇观之一

亚历山大去世后，托勒密一世引进埃及法老们未曾见过的金币、银币和铜币

屿、黑海沿岸、希腊、罗马、西亚、中亚、印度、东南亚和中国。希腊、罗马、波斯和阿拉伯等地的商人经常住在亚历山大的旅社里，说着各种各样的语言，洽谈着大宗的生意。埃及输出的商品有粮食、麻纱、毛织品、纸草、玻璃器皿、黄金制品、象牙等，其中一些商品如以神秘景物为图案的麻纱、毛织品和五彩缤纷的玻璃制品等很受外国奴隶主们欢迎，在国际上享有盛誉。输入的商品有漂亮的中国丝绸，印度的象牙、珍珠、香料，阿拉伯的宝石等。这些商品除埃及奴隶主贵族消费一部分外，其余部分转运到希腊、罗马等地。

托勒密王朝时期，古希腊文明与古埃及文明广泛交融，产生出一种以埃及文明为主体，兼有希腊文明特点的新文明，被誉为“亚历山大时代”。托勒密一世继承了东方的传统，把文化事业的组织和管理置于国家政权之下，而且向前推进了一大步。他于公元前308年拨巨款兴建了规模庞大的博学园。广招世界各地的文人、学者，免费到博学园进行学术研究和交流，使亚历山大变成了当时世界最大的国际文化交流中心。托勒密人创办了亚历山大大学和当时世界上最大的图书馆，托勒密国王责令每一个到来的学者，都要向图书馆赠送自己的著作。

# 尼罗河与地中海的交汇

亚历山大大帝死后，托勒密一世倾力将新都亚历山大装饰起来，使它浸润出一派与尼罗河迥然不同的风情，成为埃及第二大城市，被人们称为“地中海的新娘”。托勒密一世鼓励世界各地的学者们聚集亚历山大，东西方文明的交会，丰富了埃及文明的内涵，新兴的亚历山大成为当时国际文化中心，在这里创造了多个世界之最。人类历史上许多伟大的思想从这里向外扩展，许多自然科学的新说在这里确立。恩格斯说：“精确的自然科学，只是在亚历山大时期的希腊人那里才开始。”

1804年，路易吉·马耶凭想象画出了火劫后的亚历山大城港湾

亚历山大死后，他的继承者马其顿将军托勒密一世将亚历山大作为他的新首都装饰起来。这座埃及的“夏都”或“第二首都”，建城之初，其棋盘型城区布局已十分工整，街道四通八达，城内有一套设计精巧、布局科学的供水系统，包括蓄水池、人工运河和与尼罗河相通的人工水渠等。亚历山大面积相当于雅典城的3倍，人口达70万之多。城中有最壮丽的公共庙坛和王宫。这些宫殿占全城面积的1/4～1/3。王宫的一部分就是那著名的亚历山大博学园，里面有游览的场所、集会的厅堂等。

托勒密一世鼓励学者们来到亚历山大，使它成为知识分子、学者的天堂和聚集地，在东西文化交流史上占有重要的地位。建于公元前280年的亚历山大博物馆是希腊化的产物，它仿效雅典哲学学校，全部由政府投资和管理。当时博物馆以优厚的待遇、很高的社会地位、便利的研究条件吸引着各地的学者，包括自然科学和文学家。它所聘任的院士直到公元前2世纪仍是人们羡慕的头衔。亚历山大的学者们利用希腊和东方文化的优秀成果，在多个领域取得了

在亚历山大城中心发掘出的后罗马时期的会议室

辉煌的成就，对后世产生了深远影响。如数学家欧几里德、物理学家阿基米德、天文学家托勒密和柏拉图学派的哲学家们，都在里面工作过，还汇集了大批著名希腊作家和学者。该博物馆由多个学院组成，每个学院有一名首席教士负责。著名亚历山大图书馆仅为博物馆的一个组成部分。

亚历山大图书馆到公元前1世纪时，馆藏图书已达70万卷（用希腊文写成），几乎包括了古代希腊的全部著作和一部分东方的典籍。著名诗人兼文法学家卡拉马考斯编制了图书总目录，共120卷。亚历山大图书馆丰富的图书资料为学术研究提供了良好的条件。研究院分为文学、数学、天文学和医学四个部门。

文学上，特奥克里图斯在这里写出了他的《田园诗》，为后世拉丁语田园诗开创了先河。阿波罗尼乌斯在此完成了他的《阿尔格船英雄记》，卡拉马考斯在这里写成了哀歌体的代表作《起源》，对后世罗马诗人卡图卡斯、奥维德等都有很深的影响。

亚历山大的希腊－罗马博物馆，有很多托勒密的藏品

自然科学方面，恩格斯说：“精确的自然科学，只是从亚历山大时期的希腊人那里才开始。”几何学家阿波罗尼乌斯，被人们推崇为三角学之父，他以卓越的圆锥曲线论文闻名于世。西奥夫拉斯特斯，由于他的植物历史学和植物生理学的著作而被看做是植物学奠基人。斯特西比乌斯在这里发明了水钟和压力泵。海伦在空气力学和自动机等领域成果卓著。

最著名的物理学家兼数学家阿基米德（公元前281～前212年）青年时就学于亚历山大研究院，取得了惊人的科学成就。他最有代表性的数学著作是《论量圆》和《论球体和圆柱体》两部。他还奠定了现代微积分学和物理学上的力学、流体力学的基础。他发现了后来被命名为阿基米德定律的比重原理，论证和发展了机械学的基本原理，尤其是杠杆原理。他勇于实践，根据这些原理发明创造出许多了不起的机械，如杠杆、滑轮、陀螺等。

从公元前300年到公元纪元，医学研究也主要集中在亚历山大博物馆。当时著名医学家赫拉费里斯对人类身体和其他哺乳动物的结构进行了相比较研究。医学家埃拉斯特里图斯致力于心脏问题研究并提出了血液循环理论，尽管他所假设的循环方式不完全正确。

托勒密时代天文学方面的成就，在古埃及和古巴比伦天文学的基础上又向前发展了一大步。天文学家希帕卡斯运用复杂的数学计算，通过仔细观测，断定了太阳、地球、月亮的大小、距离和运动，为太阳中心说奠定了基础。后来的哥白尼的天文学体系就是在此基础上建立起来的。另一著名天文学家阿里斯塔克所著的《论月亮及太阳之大小及其与地球之距离》一书，也提出了太阳中心说的思想。他认为太阳是恒星，地球和其他行星都是围绕太阳运转的，他还正确地提出了太阳一定比地球大的思想原则。

亚历山大图书馆馆长埃拉托斯特尼（公元前276～前193年），是一位著名的地理学家和博物学家。他第一个用“地理学”一词代替了以往的“地志”、“陆志”、“海志”等术语，他的名著《地理学概论》附有绘制的世界地图。他根据印度洋与大西洋潮汐相似的原理，提出了两洋相通说和地圆说，并说从西班牙沿同一纬度可以航行到印度。他根据夏至那天，亚历山大和西厄那日晷仪上的太阳阴影的角差，计算出地球的圆周长为252000斯达特（约39690公里），与地球的实际周长40000公里相差无几。

藏书丰富的亚历山大图书馆不仅为这众多著名的学者提供了研究和著书立说以及从事学术交流活动的便利条件，它同时还是一个翻译中心，许多希腊文的典籍就是在这里翻译成为其他文字的。令人遗憾的是，公元前48年，罗马恺撒大帝攻打埃及，亚历山大图书馆被战火烧毁过半。恺撒击败其政敌庞培，追踪至亚历山大。当时恺撒为了使军队尽快登陆，便下令烧毁停泊在东港的船只，大火蔓延到了城市，亚历山大图书馆就在这场火灾中被毁了。3世纪末，残存部分又毁于战火。亚历山大图书馆的被毁，是人类文化史的一大损失，它馆藏的很多图书，都是孤本。这些图书的烧毁，使埃及古代文化受到了强烈的冲击，到公元450年左右，已经无人能辨认埃及的古代文献，就连用希腊文记载古埃及历史的作品也都消失殆尽。谁烧了亚历山大图书馆？这个历史问题还没有定论，也很难定论。但不管怎么说，这已是历史的沉积了。

著名的亚历山大灯塔的被毁也是世界文明史上值得遗憾的事。亚历山大作为都城后，鉴于亚历山大港附近海道十分危险，托勒密便下令兴建亚历山大灯塔以指引海船的航行。灯塔于公元前290年竣工。当时灯塔有3层，高120米，最下面是长方形的基座，中间是八边形的建筑，最上面是圆形的，屋顶上还有海神的雕像。它以白色大理石建造。整座灯塔高度竟相当于一幢现代四十层高的建筑物！是当时世界上最高的建筑物。灯塔内部是螺旋状阶梯，燃油沿阶梯运往塔顶，塔顶的一座房间内，工人便依靠燃烧石油的灯光，再利用后方的镜收集光线，然后反射出去，晚上以火光照耀大海，白天则依靠最顶上的一个仪器反射阳光，据说灯光能照射到56公里外的海道那么远，并具有防卫和侦察敌人的功用。它不带有任何宗教色彩，纯粹为人民实际生活而建。亚历山大灯塔的烛光在晚上照耀着整个亚历山大港，保护着海上的船只。1500年来，亚历山大灯塔一直在暗夜中为水手们指引进港的路线。后来新的统治者迁都开罗，灯塔开始失修，公元956、1303年及1323年的三次大地震还差不多将整座灯塔摧毁。公元1480年，遗址的大理石块更被改用来兴建碉堡，亦步其他已被摧毁的遗迹的后尘，成为除了现存的金字塔外，最后一个消失的埃及奇观。现在城堡对游客开放，里面有些航海方面的展品，但没有太大的观赏价值。1996年11月，一组潜水员在地中海深处发现了据说是亚历山大灯塔的遗留物。

# 尼罗河上的一代艳后

公元前51年，托勒密十二世去世，其17岁的女儿克丽奥佩特拉登上王位。她虽曾被放逐，但凭借她的智慧和美貌，先后使古罗马统帅恺撒和东罗马帝国的统治者安东尼为之倾倒，使她稳坐埃及王位10多年。她传奇的人生故事像她的美貌一样动人。这个美丽的女人最终为爱情而死去。随着她的死去，一个拥有3700年历史的古埃及文明也就此宣告结束。

伊丽莎白·泰勒在影片《埃及艳后》中饰演的克丽奥佩特拉

古埃及文明与古希腊文明交融所产生的亚历山大的繁荣并没能持续很久，至公元前3世纪末便开始走上了衰落的道路。对外的争霸战争和对内的腐败统治，是王朝走向衰落的根本原因。

克丽奥佩特拉雕像

克丽奥佩特拉七世，世称“埃及艳后”

埃及的富庶早已为罗马奴隶主贵族所垂涎。公元前2世纪中叶，托勒密王朝更加衰落，国王求助于罗马。到公元前1世纪初，埃及已被罗马所控制，托勒密王朝每年都要向罗马纳贡。公元前51年，托勒密十二世逝世，其女儿克丽奥佩特拉继承王位，与丈夫托勒密十三世共同执政。克丽奥佩特拉是位极具魅力的女性，她拥有极度的智慧和美貌，并把这两者用于埃及长远的政治目标，她就是世界历史上最负盛名的埃及艳后。

具有希腊传统文化的克丽奥佩特拉，才貌出众。她从小生活在腐败、勾心斗角的宫廷中，培养了她的聪颖机智，增强了她的勃勃野心。公元前51年，其父去世，17岁的克丽奥佩特拉登上王位，并与丈夫托勒密十三世共同执政。3年以后，年轻的托勒密支持者将克丽奥佩特拉驱逐流放。

公元前1世纪中叶，罗马正值三个风云人物克拉苏、庞培和恺撒登上政治舞台结成政治同盟，共同对抗罗马元老院时期。后来克拉苏死于战争，只剩下两雄对峙。随着恺撒权势的增长，既让元老院心怀戒惧，也使庞培产生妒忌，他们与恺撒之间的矛盾斗争日益尖锐，元老院贵族任用庞培并宣布恺撒为公敌。然而，在这场内战中，以恺撒的胜利而告终。庞培在逃往埃及后，被托勒密十三世的手下杀害。而恺撒在公元前48年为追击他的对手庞培来到埃及，当克丽奥佩特拉听说恺撒在亚历山大大帝的宫殿里时，她命令她的一个仆人把她裹在镶有金箔的地毯里作为礼物送给凯撒，于是出现了这样的场面：夜晚，亚历山大城的一座古老的殿堂里，灯火辉煌，一片欢声笑语。在远征中不断取得胜利的古罗马统帅——恺撒将军正

恺撒雕像

与他的部将们开怀畅饮。忽然，一名侍卫报告说："伟大的统帅，埃及女王克丽奥佩特拉派人给您送来一卷地毯。"恺撒一抬头，只见华丽的地毯动了起来，他先是一惊，稍一迟疑，从地毯里钻出一位风姿绰约、仪态万千的美人来。她不是别人，正是埃及女王克丽奥佩特拉七世。恺撒被她的美貌所征服。52岁的恺撒决定帮她夺回王位。托勒密十三世被废黜，恺撒命克丽奥佩特拉的弟弟托勒密十四世和她共同执政。恺撒带着400条船舰，和她一起溯尼罗河而上，巡游全国，他们在一起生活得很快乐，克丽奥佩特拉为凯撒生了一个儿子，到恺撒因战事离开时，克丽奥佩特拉带着他们的孩子跟随恺撒回到罗马，住进了恺撒在罗马郊外的别墅。恺撒经常去那儿看望她。公元前44年恺撒被暗杀后，克丽奥佩特拉回到了埃及。不久托勒密十四世遇难（或许是被克丽奥佩特拉下毒所致）。女皇指定她的儿子"小恺撒"和她共同执政，开始了她的统治。

恺撒与克丽奥佩特拉一起步入王宫

安东尼头像。他与克丽奥佩特拉生有三个孩子，并使她成为东方独裁者

恺撒被暗杀后重新爆发的内战使罗马帝国陷于分裂。马克·安东尼作为东罗马帝国的统治者，传唤克丽奥佩特拉到小亚细亚，就她帮助他的敌人的说法作出澄清。女皇坐着一条豪华的游艇到达，她穿得就像维纳斯一样，并用盛宴款待安东尼。安东尼被她的美貌所吸引，跟随她去了亚历山大。

和克丽奥佩特拉一起过了一个愉快的冬天后，安东尼回到了罗马。他和屋大维的姐姐屋大维娅结婚，但他还是爱着克丽奥佩特拉，克丽奥佩特拉为他生了一对孪生子。当他又回到东部，在抵抗帕提亚人的远征途中，召见克丽奥佩特拉并和她结了婚。屋大维狂怒地公然向克丽奥佩特拉宣战。安东尼和克丽奥佩特拉调遣了500艘战船以应战。屋大维将这些战船堵在了希

安东尼一看到克丽奥佩特拉，就被她的美艳与典雅所吸引，沉湎于她的似水柔情之中

腊的西海岸，随后就发生了公元前31年著名的一场战役。安东尼跟随克丽奥佩特拉突破封锁趁机逃跑，但他的船队却全军覆没。

第二年屋大维到达亚历山大，又一次击败安东尼。克丽奥佩特拉躲进了她为自己建造的陵墓中避难。安东尼以为克丽奥佩特拉已为他而死，于是用真正的罗马方式拔剑自杀。而此刻信使到达，告之克丽奥佩特拉仍旧活着。安东尼临终之前坚持要人把他带到克丽奥佩特拉那里并死在她的怀中。随后克丽奥佩特拉也自杀身亡，据说是被毒蛇咬死的。关于克丽奥佩特拉死亡之谜一直扑朔迷离，成为一个不解的迷题。

埃及艳后用毒蛇自杀的故事，尽管是一个让许多后人洒泪的悲情故事，但它的真实性如今得到了法理学家和犯罪专家的广泛质疑。第一个疑点是：埃及艳后用毒蛇自杀的叙述，最早见于公元1世纪希腊哲学家普鲁塔克的名人传记中。可问题是，普鲁塔克是在埃及艳后死去75年后才诞生到人世，他叙述的内容中充满了太多的矛盾；第二大疑点是：克丽奥佩特拉在自杀前，曾向屋大维送出了一封自杀信。美国犯罪研究专家帕特 · 布朗说："这显然不符合自杀者

克丽奥佩特拉最终让致命毒蛇咬伤(左) 克丽奥佩特拉之死(右)

的性格。一个决心自杀的人绝不会事先向某人先送出一份示警性的遗书，好让他跑来拯救自己。”第三大疑点是：克丽奥佩特拉用于自杀的是一条埃及眼镜蛇，在实验数据中，被眼镜蛇咬中最快的死亡也要两小时，可屋大维的卫兵接获命令冲到埃及艳后住处时，距埃及艳后遣人送信仅相隔几分钟时间，埃及艳后却已经香消玉殒了。第四大疑点是：英国牛津大学热带医学和传染病学教授戴维·沃热尔说：“这儿有一个误解，并不是毒蛇每次咬人都能释放出毒液。如果三个人一起被毒蛇咬中，那这个概率将更低。” 因此，克丽奥佩特拉的两个女仆之死不合情理。 帕特·布朗称，众多证据都显示埃及艳后之死十分可疑，她很可能是死于一场精心策划的政治谋杀，而最有嫌疑的正是后来成为奥古斯都大帝的屋大维。屋大维后来又杀死了克丽奥佩特拉和恺撒的私生子恺撒利昂，他具有谋杀动机。据帕特·布朗称，“在埃及从没有女仆陪主人自杀的传统，为什么那两名女仆埃拉斯和查米恩在埃及艳

屋大维雕像

后恐怖自杀后，不立即撞门喊卫兵帮忙，而是选择一起死亡？答案非常简单：屋大维除掉了所有目击者”。

实际上，在克丽奥佩特拉统治时代，古埃及仍保持着极度繁荣。当美国考古学家戈迪奥和他的埃及同事潜入亚历山大港外海海底的时候，他们看到了一条又一条的街区、一座又一座的雕像，那就是“埃及艳后”克丽奥佩特拉和她的最后一个情人马克·安东尼共筑的爱巢——亚历山大城，使这座极富有传奇色彩的皇家古城获得重生。他们的惊人发现，都证明了古埃及历史上那段仍然繁荣的历史，当然也证明了“埃及艳后”不仅是位美丽的女王，而且还是有着出众才干的女王。

埃及艳后去世后，一个拥有3700年历史的古埃及文明就此宣告结束。从此埃及这个神秘的国度纳入了罗马人的版图。法老失去了王位，古老的神庙陷入一片死寂，一个曾经辉煌的古埃及文明从此被彻底掩埋在滚滚黄沙之中。

沉入海底的克丽奥佩特拉的狮身人面像

# 阿拉伯人与萨拉丁

公元7世纪，阿拉伯人征服了埃及，埃及进入伊斯兰文明的统治范围。11世纪末，罗马教庭以夺回巴勒斯坦圣地为号召，发动对近东地区的战争，而西欧的封建主们、商人们、骑士们也早对东方的财富和领土垂涎，于是在圣战的口号下，开始了欧洲十字军东侵。尼罗河也未能幸免。在这个关键时刻，伊斯兰世界的英雄萨拉丁出现了。他不仅在与敌人的战斗中针锋相对，多勇多谋，被伊斯兰誉为英雄，而且在敌人危难之时又宽大为怀，尽显仁慈，因此也被西方誉为骑士精神的代表。

萨拉丁

公元639年12月，阿拉伯帝国的第二代哈里发派遣大将领兵由巴勒斯坦进入埃及，公元642年，阿拉伯人占领了著名的亚历山大城，埃及遂成为阿拉伯帝国的一个行省，标志着征服埃及事业的完成，从此尼罗河古文明被阿拉伯人的伊斯兰文明所取代。

在阿拉伯人征服埃及以前，北非地区的阿拉伯人人数甚微。在占领埃及后，阿拉伯人从阿拉伯半岛各地向埃及土地肥沃、物产丰富的地区大量移民。据估计，在一个世纪的时间里，仅仅定居在埃及的阿拉伯人就有百万之众。而且在征服了北非广大地区之后，阿拉伯移民非但没有结束，反而以更强的势头继续下去。此外，阿拉伯统治者还推行同化政策，鼓励阿拉伯人与当地人通婚；伊斯兰教在北非地区得到传播与推广，并且渗透到社会生活的各个层面；阿拉伯语言和文字在北非得以广泛传播，统治当局陆续宣布阿拉伯语为官方语言、阿拉伯文为官方文字，这样，到了公元10世纪和11世纪，埃及完成了阿拉伯化与伊斯兰化。阿拉伯人在埃及已占绝对优势。他们不论血统的纯粹如何，都信仰伊斯兰教，讲阿拉伯语，认同阿拉伯族系与文化传统。那些继续信仰基督教的科普特人已退居中埃及地区，只占埃及人口1/10左右。基督教亚历山大教长只具某种象征意义了。

随着阿拉伯帝国出现分裂，埃及逐渐摆脱了阿拔斯王朝的直接统治，在承认阿拉伯帝国宗主权的前提下，趋于独立，公元909年建立的法蒂玛王朝，使埃及成为一个完全独立的国家。公元973年，法蒂玛王朝哈里发穆义兹将首都从突尼斯迁到开罗，开罗从此日趋繁荣。11世纪后期，法蒂玛王朝开始衰落，十字军入侵埃及，伊斯兰英雄萨拉丁推翻了法蒂玛王朝，击退了十字军，在埃及的历史上也写下了光辉的一页。

11世纪末，罗马教廷以夺回巴勒斯坦圣地为号召，发动对近东地区的战争。同时，西欧的封建主、商人、骑士们对东方的财富和领土十分垂涎，于是，延续了200多年的十字军战争，在圣战的口号下开始了。十字军的兵锋也延伸到了尼罗河，伊斯兰教历史上的英雄萨拉丁应时而生，成为伊斯兰世界抗击十字军的英雄。

伊斯兰教历史上的英雄萨拉丁（1138～1193年）是库尔德人。他的父亲早年从第比利斯（今格鲁吉亚）举家迁到今伊拉克北部的提克里特，萨拉丁就是在提克里特诞生的。

8岁的时候，萨拉丁跟着父亲来到了大马士革，在那里度过了青少年时代。动荡的生活促使萨拉丁变得少年老成。26岁时，他受摩苏尔的赞吉王朝苏丹的派遣，跟随自己的叔父施尔科出征埃及。尽管将近3年的征战以失败告终，但他第一次在战场上得到了锻炼。

1168年，十字军进攻埃及。应埃及的请求，赞吉王朝派施尔科和萨拉丁叔侄驰援。获胜的施尔科被法蒂玛王朝哈里发任命为宰相。两个月后，施尔科暴毙身亡，萨拉丁继任了宰相之位。

此后萨拉丁在埃及逐步站稳脚跟，随着法蒂玛王朝的末代哈里发阿迪德病逝，法蒂玛王朝就此终结，进而萨拉丁又摆脱了赞吉王朝宗主的阴影，并取而代之，在埃及建立了阿尤布王朝。经过十几年的征战，萨拉丁统一了埃及、叙利亚和伊拉克，同时又将势力扩展到也门和北非，并与余下的阿拉伯势力改善了关系。至此，一个以埃及为中心的阿拉伯国家在中东和北非建立了起来。

萨拉丁不仅英勇善战，多勇多谋，而且仁慈宽厚，极具骑士精神。阿拉伯国家统一后，穆斯林抵御外来势力入侵和收复伊斯兰失地的能力不断增强。1187年10月，萨拉丁率大军收复圣城耶路撒冷。此时的耶路撒冷城内，居住着10多万名的基督徒，每名基督徒都觉得将要大祸临头。要知道在此前80多年，就在耶路撒冷市中心的阿克萨清真寺，攻陷圣城的基督徒们一次就屠杀了7万多名穆斯林。如果萨拉丁要代表穆斯林对基督徒展开报复，似乎合情合理。但萨拉丁却在破城后下令，不准士兵杀戮和掠夺，保留所有基督徒的生命和财产，允许他们交少量的赎金后带着财产回国。8万多基督徒在萨拉丁军队的保护下踏上回乡的路途。萨拉丁的弟弟阿迪尔更是替两千多穷基督徒交了赎金。后来，许多交不起赎金的穷基督徒也被萨拉丁释放了。他还将耶路撒冷的圣地向所有宗教开放。

萨拉丁占领耶路撒冷的消息震动了欧洲。教皇乌尔班三世闻讯后惊愕得心脏停止了跳动。继任教皇格利高里八世呼吁采取行动。十字军的热情再次被激发起来，德意志皇帝“红胡子”弗里德里希、英格兰国王“狮心王”理查、法兰西国王菲利普发动了第三次十字

开罗萨拉丁城堡

军东征。在理查围攻阿卡、阿卡守军不敌投降时，由于俘虏交不出20万金币的赎金，理查命令将2700名战俘全部斩首。然而，在理查向耶路撒冷进军时遭遇了困难。战场上，理查的马摔倒在地，具有骑士风度的萨拉丁却让弟弟阿迪尔给他送去两匹好马。大战之后，萨拉丁和理查都病倒了。萨拉丁派人给自己的死对头理查送去了水果，还派去了医生。双方签订和约，穆斯林占有巴勒斯坦内地，基督教徒占有海岸，耶路撒冷向朝觐的基督教徒开放。理查随即离开巴勒斯坦回国。

1193年2月20日，萨拉丁在大马士革感染了伤寒，3月4日，萨拉丁在平静中溘然长逝。

萨拉丁为人慷慨，从不吝惜钱财，其实他的慷慨也是一种武器。提尔（黎巴嫩南部城市）的威廉说："萨拉丁睿智、勇敢、慷慨无比。正因为如此，我们有远见的贵族才都相信他。要赢得下属的心，没

马穆鲁克士兵

有什么比慷慨的赏赐更有效的手段了。”萨拉丁非常懂得财富的价值，他用埃及的财富征服了大马士革，用大马士革的财富征服了阿拉伯，用阿拉伯的财富征服了耶路撒冷。然而，他自己，却在去世的时候，只留下1枚金币和47枚银币。

萨拉丁不仅是伊斯兰的英雄，在西方也被视为骑士精神的楷模。为了纪念这位浪漫的英雄，普鲁士皇帝为大马士革萨拉丁墓赠送了一座大理石棺。

萨拉丁执政时期，对开罗的建设作出了重要贡献。萨拉丁死后，一支强大的奴隶军队马穆鲁克承担了抗击十字军和蒙古人的入侵，成了伊斯兰教的救星，马穆鲁克王朝建立后，开罗的发展达到了鼎盛，14世纪时，开罗拥有居民近50万，成为当时非洲最大的城市和伊斯兰中心。

马穆鲁克士兵

# 尼罗河畔的清真寺

清真寺是阿拉伯人和伊斯兰教的象征。随着阿拉伯人征服埃及并伴随着伊斯兰教的广泛传播，埃及出现了大量的清真寺，成为传播伊斯兰文化的重要阵地。爱资哈尔清真寺等著名的清真寺的崛起，使埃及很快成为伊斯兰文化的灯塔。

爱资哈尔清真寺

清真寺是阿拉伯人和伊斯兰教的象征。伊斯兰征服埃及时期，穆斯林军队每到一处，首先建造的就是清真寺。法蒂玛王朝征服埃及，兴建开罗，并在开罗兴建了爱资哈尔清真寺。爱资哈尔清真寺于公元972年建成，坐北朝南，由露天庭院、礼拜堂和左右侧厅组成，爱资哈尔清真寺在法蒂玛王朝第五任哈里发阿齐兹时期，发展成为爱资哈尔大学。

在伊斯兰文明史上，“清真寺”和“大学”的概念并无太大的区别，每座清真寺既是传播宗教思想、弘扬伊斯兰使命的天房，同时也是传授知识、教育学生的课堂。爱资哈尔大学的前身就是爱资哈尔清真寺，据说是为了纪念先知穆罕默德的女儿法蒂玛·爱资哈尔(阿拉伯语中“爱资哈尔”意为“美丽之花”、“光明”）而得名。

1250年，爱资哈尔清真寺正式成为高等学府。爱资哈尔清真寺文明遐迩在于它是世界性的最高的伊斯兰学府。埃及历史上很多知名的史学家、语言学家和数学家都曾在此设帐授徒，学子多来自农

爱资哈尔清真寺的尖塔

村，学成返乡后，或任清真寺教长，或从事宗教教育，在社会中影响很大。

1171年，萨拉丁统治埃及后，由于爱资哈尔清真寺讲授的是什叶派教义，与萨拉丁信奉的正统派教义相悖，使得爱资哈尔清真寺（或称大学）的教学一度受到影响，以致被迫中辍。到了马穆鲁克王朝，爱资哈尔清真寺恢复了从前的盛况，逐渐完善了教育体系，教学实现制度化、科学化。世界各地的穆斯林纷纷慕名而来，求知问业。

1961年，爱资哈尔清真寺进入历史新阶段，埃及政府颁布法令，将爱资哈尔大学办成现代化大学，除宗教学、语言学外，增设了商学、医学和工学等新学科。一直与爱资哈尔大学无缘的女性，首次获准进校读书。这时候，在爱资哈尔大学里，古老的教学方式已经不多见，取而代之的是正规的演讲和教室授课。

爱资哈尔清真寺经历了盛衰和起伏，但其宗教学术传统却一直

爱资哈尔清真寺内部

绵延不绝，无论对伊斯兰两大教派（逊尼派和什叶派）和四大学派（夏菲、哈纳菲、马尔基和杭巴里），该校都同时开课讲授，供学生自由选修，互相切磋。爱资哈尔大学的教学方式十分自由，教学不设教室，学生没有课桌，一般是在礼拜堂中的柱子下放一把椅子，教士坐在上面讲课，学生围在老师周围席地而坐，老师讲完一个题目后，提出问题供学生们讨论，学生们则对此问题可以提出自己的意见。1000多年来，爱资哈尔清真寺和爱资哈尔大学为伊斯兰世界培养了大批学者、圣训者、宗教法律学者等，是传播伊斯兰文化的摇篮。

爱资哈尔清真寺（大学）被誉为伊斯兰教的教育福地、阿拉伯语言学的摇篮，从古至今为埃及和伊斯兰世界培育了大批英才，伊斯兰世界的许多名人、学者都曾在这里接受教育和深造。我国当代一些著名的伊斯兰学者与阿拉伯语语言学家，如北京大学教授马坚先生（已故）和北京外国语大学教授纳忠先生等，都曾就读于爱资哈尔大学。

现在，爱资哈尔大学仍然是伊斯兰世界的最高学府，在伊斯兰事务上拥有最大的监督权和最终裁决权，是伊斯兰的神学中心。爱资哈尔大学不仅在伊斯兰文化教育方面享有盛名，而且也是埃及的一个游览胜地。校园中保留了建校时的古老建筑，保留了法蒂玛王朝的建筑特点，此外，学校还有一些14世纪马穆鲁克王朝时期修建的宣礼塔。宣礼塔双身双顶，结构新颖。整个建筑物用花瓷镶嵌，是埃及建筑史上的珍品。

# 穆罕默德·阿里与现代埃及

穆罕默德·阿里是近代埃及的奠基人。作为一个极富传奇色彩的人物，他在拿破仑远征失败后成为尼罗河的新主人。他虽然是个封建君主，但十分羡慕欧洲资本主义文明。他提倡埃及现代化，为建设一个阿拉伯人的帝国而进行了各种努力与改革。政治上，驱逐了土耳其和马穆鲁克势力，统一了全国；经济上，通过建立国家垄断工业等手段，促使长期落后的工农业生产获得发展；军事上，重建陆军，创办海军，使埃及成为地中海东部强国；文化上，开办各类专科学校，选派留学生出国，翻译科技书籍。因为他的功绩，马克思曾经给予穆罕默德·阿里很高的评价，称赞他是奥斯曼帝国中“唯一能用真正的头脑代替‘讲究的头巾’的人”。

穆罕默德·阿里

1798年，拿破仑远征埃及并最终以失败而告终，埃及重新归属土耳其。英、法从埃及撤离，给埃及留下了一个权力真空，各种势力开始在埃及角逐。结果，一名年青的军官——穆罕默德·阿里成为“尼罗河谷的新主人”。

穆罕默德·阿里是个颇具传奇色彩的人物，他1769年出生在马其顿的卡瓦拉（现在是希腊的一部分，当时属于奥斯曼帝国），自幼失去父母，曾跟随叔父贩卖过烟草，在未成年时就加入军队。他的好运来自同一位富有寡妇的联姻。借助妻子的资助，他又开始贩卖烟草，后又应征入伍，随对法作战的土耳其军队来到埃及，因作战勇敢，他得到了土耳其军队统帅的赏识，很快成为土军的主要将领。在一次军队内部的叛乱中，穆罕默德·阿里成为军团首领，之后，他巧妙利用土耳其奴隶军马穆鲁克和土耳其之间的矛盾，驱逐了土耳其的势力，再利用开罗人民对马穆鲁克的不满，将他们赶到了上埃及，控制了开罗地区。由于开罗人民对穆罕默德·阿里的支持，1805年，奥斯曼被迫承认了穆罕默德·阿里为埃及省督。

一尊穆罕默德·阿里的雕像

穆罕默德·阿里出任省督后，通过没收宗教地产等手段，将大量土地占为己有，再以王室地、边缘地、村长地等形式，把全国近一半的土地分给自己的亲戚和亲信，这些人成为埃及的新地主；另一半地分给农民耕种，农民只能耕种土地，不得转让，要缴纳租税。穆罕默德·阿里还改组了埃及的行政机构，把埃及行省分成省、专区、区三种行政级别，他亲自任命各级官员。通过这些措施，一个新的封建王朝——穆罕默德·阿里王朝就在埃及建立起来，它的统治一直持续到1952年革命爆发。

穆罕默德·阿里虽然是个封建君主，但他十分羡慕欧洲资本主义文明，提倡埃及的现代化，希望埃及也能成为像英、法那样的国家，成为一个阿拉伯世界的帝国。为此，他实施了一系列的改革：建立欧式陆军，发展海军，打造了一支东地中海最强大的海军；实施工业改革，紧跟欧洲工业革命的步伐，建立国家垄断的工业，在埃及大面积推广棉花种植，促进棉纺织业的发展，兴修水利工程，发展种植农业。穆罕默德自己虽然是个文盲，但深知教育对改变落后局面的重要性，他改革国民教育，打破了过去清真寺对教育的垄断，建立欧式国家教育系统，创办了许多非宗教的小学、中学和专科学校，培养了一大批现代专业技术人才。总的说来，在穆罕默德·阿里统治时期，埃及经济得到了空前的发展，成为奥斯曼帝国中最发达的部分。因为他的功绩，马克思曾给予穆罕默德·阿里很高的评价，称赞他是奥斯曼帝国中“唯一能用真正的头脑代替‘讲究的头巾’的人”。历史学家普遍认为，“穆罕默德·阿里是19世纪的伟大统治者之一”，是近代埃及的奠基者。

进行改革的同时，穆罕默德·阿里也极力扩展势力，在其势力达到顶峰的时期，他控制的范围包括埃及、苏丹、叙利亚、巴勒斯坦、阿拉伯半岛等地。尽管奥斯曼帝国名义上拥有这些地区的统治权，但没有穆罕默德·阿里的配合，帝国的任何政令在这些地区都是无效的。穆罕默德·阿里的扩张，引起了英国的不满，它联合俄、

20世纪初，欧洲服饰成为埃及中产阶级的典范服饰

奥、普、土等国联合对埃及用兵，强迫阿里放弃了除埃及、苏丹外的领地。列强的干涉粉碎了阿里建立强大埃及帝国的美梦，埃及也由此逐渐处在英国势力控制之下。

值得一提的是，穆罕默德为了加快埃及现代化的进程，雇用了许多技术顾问，有法国人、英国人、德国人等，以便建立埃及向来缺乏的工业。这些1810～1850年招募来的外国人当中，着实有许多人是冒险家，他们掠走了为数可观的文物。

这些冒险家会同驻埃及的各国领事一起从事文物走私。之所以有领事参与其事，因为穆罕默德·阿里任埃及总督的时期，各国领事可以随时会见总督。由于要从欧洲进口埃及工业所必需的机器，总督本人常常需要领事的协助，他们也因此可以轻易取得敕令。这些总领事与前来埃及碰运气的冒险家合伙，冒险家以领事的名义挖掘或购买文物，也负责把它们运走。从这个角度说，穆罕默德·阿里对于埃及近代文物走私猖獗难辞其咎了。

1952年，埃及爆发革命，纳赛尔领导的革命队伍推翻了穆罕默德·阿里王朝封建政权，建立了埃及共和国。

# 第四章
# 领略尼罗河古文明

拿破仑入侵埃及，同时带去了大批科学家，这些科学家致力于埃及古文明的探索，这些学者的研究活动，激发了关于探索古埃及文明的埃及学的形成，淹没了上千年的尼罗河文明，终于重新展现在世人面前。商博良等一大批学者致力于破解象形文字，纸草文献和石碑铭文被译读出来，同时考古学家致力于古代埃及文明的发掘，大批神庙、陵墓、雕刻品等一批批被发掘出来。战后，为配合埃及建筑和水利事业发展的需要，进行了大规模的抢救性的迁移和发掘工作。由此，失落的古埃及文明真真切切而又扑朔迷离地吸引着世人的目光。

# 拿破仑与埃及古文明的重现

18世纪，拿破仑入侵埃及，他的军队中也带去了175名“有学问的人”，包括数学家、天文学家、化学家、矿物学家、地理学家、建筑师、东方学者、诗人、画家等。1798年7月，拿破仑在吉萨金字塔之役战前动员时，豪迈地说：“士兵们，从这些金字塔的顶上，40个世纪注视着你们！”随着拿破仑进军埃及，随着罗塞塔石碑被发现，一个被遗忘的古老文明的面纱被揭开，它以神秘无穷的魅力吸引着世界的关注，从而开启了埃及学之门。在解读埃及古文明的过程中，天才的商博良出现了，象形文字也复活了。

阿尔卑斯山上的拿破仑雄姿

1798年，拿破仑·波拿巴被任命为埃及远征军总司令

由于历经劫难和古埃及文字的“死亡”，使古代埃及的历史和文明在18世纪以前，就如同人类起源史一样，笼罩在一片浓雾之中，直到1798年，拿破仑远征埃及，使一个被遗忘的文明重现在世人面前，以它的神秘而吸引世人的目光，并由此开启了埃及学之门。

埃及一直是拿破仑魂牵梦绕的地方。拿破仑向往马其顿的亚历山大超过了历史上任何其他英雄。后来，当他在埃及的沙漠上巡游时，他半开玩笑、半认真地对同行者表示遗憾：自己生得太晚了，无论如何不能像曾经征服过埃及的亚历山大那样，在那里宣布自己是上帝或上帝之子。他在意大利作战时就经常想到埃及，他认为欧洲太小了，真正伟大的事业是要到东方去进行。因为占领埃及不仅可以骚扰英国对印度的贸易通道和整个大英帝国，而且还可变埃及为法国殖民地，从而补偿法国在西印度所丧失的殖民地，还可以为进一步征服英国财富的主要来源地印度建立基地。

1798年7月，拿破仑在吉萨的金字塔之役前，豪迈地说：“士兵们，从这些金字塔的顶上，40个世纪注视着你们！”

1798年3月5日，拿破仑被任命为埃及远征军总司令。5月19日，拿破仑率领328艘战船、38000名军人，从法国土伦出航，直指埃及。出于对科学和文史的广泛兴趣，这次远征还带去了许多科学研究和工程技术人员。

正在查阅地图的拿破仑，手支在埃及式样的桌子上

著名的数学家蒙日和化学家贝托莱为拿破仑挑选了数学家21名，天文学家3名，土木工程师17名，博物学家和矿业工程师13名，地理学家13名，火药工程师3名，建筑师3名，设计师、绘图师8名，机械师10名，雕刻家1名，翻译15名，文人10名，印刷工人22名，并带有拉丁文、希腊文和阿拉伯文的排字字模。当年7月1日法国人登陆亚历山大城，7月25日进驻了开罗。这些人筹建了埃及研究院，负责研究古代埃及文明。

1799年，法国军队在尼罗河最西端的罗塞塔镇修筑防御工事，士兵们在挖掘战壕时发现了一块满是文字的石碑，指挥官把石碑抹干净后，发现石碑上刻有三种不同的文字，上半部是埃及的象形文字，中间是当时学者们还弄不明白的一种完全陌生的文字（古埃及文字的一种草体），最下面的一部分是希腊文。这个指挥官断定这块石碑很重要，就将其送到开罗，供拿破仑在那里创立的埃及研究院的学者们进行研究。后来拓片被送回法国，收集在《埃及地方志》中。

罗塞塔石碑，长约115厘米，宽约73厘米，厚约28厘米。上刻有三种不同的文字，被誉为“通往古埃及文明的钥匙”

这块石碑以发现它的地点被世人称之为“罗塞塔碑”，这块著名石碑被誉为“通往古埃及文明的钥匙”。

学者们对石碑上的文字作了比较研究。首先读懂了用希腊文写的铭文。碑文是公元前196年埃及孟斐斯城的僧侣们给当时的国王写的一封歌功颂德的感激信。这位国王就是第十五王朝法老托勒密。他登上国王宝座后不久，取消了僧侣们欠缴的税款，并为神庙开辟了新的财源，对神庙采取了特殊的保护措施，给僧侣们带来了一系列好处，所以很快赢得了僧侣们的敬仰。于是僧侣们写了这封感激信，并用三种字体写的两种文字刻在这块黑色玄武岩碑石上。

商博良

要想真正了解古代埃及的文化和历史，就必须要读懂埃及的象形文字。所以，发现“罗塞塔碑”的消息在当时的《埃及通讯》上发表后，立即引起各国学者的广泛关注。尽管学者们能借助碑上的希腊文，领

商博良的探险队

悟到象形文字和民书文字的含义，但在商博良之前，却始终没有解开古埃及的象形文字之谜。只是英国人托马斯·扬在释读成功象形文字的过程中有过贡献，他在对罗塞塔石碑铭文进行研究后得出结论说，古埃及文不是字母文字；他还发现，象形文字部分中的椭圆形框子中的字是国王的名字，认出了托勒密和伯林尼斯这两个国王的名字。但真正释读成功象形文字的不是他，而是商博良。

让·弗朗索瓦·商博良，1790年12月23日出生于法国南部洛特省的一个小城市。他的父亲和兄长都是书商。他从小就对语言，尤其是对东方语言有浓厚的兴趣，并在语言方面有惊人的天才。在小学和中学时期，他通过刻苦自学学会了希腊文、拉丁文、古希伯来文、阿拉伯文、阿拉美亚文、科普特文等。还在上中学时就着手编纂多卷本《法老统治时代的埃及》。到中学毕业时，他已准备了该书的个别章节，并拟制了古代埃及的详细地图。1814年，该书头两卷问世。

商博良潜心研究学问，把释读古埃及象形文字当成他的夙愿。

商博良释读古埃及象形文字历经挫折和失败，但他最终成功了。他制定了科学的释读方法，逐步确定了大部分世俗体的字母，他还发现在古代埃及的三个文字系统（即象形文字、僧侣体文字和世俗体文字），且彼此是紧密相联的。在埃及学学者中，他第一个意识到那些文字符号中有些是字母，有些是音节，有些则是义符。

1815年，拿破仑曾数次召见商博良。有人称他们俩的碰头“是埃及的两位征服者的会见”。跟随拿破仑远征埃及的一群学者，汇集出版的24卷本的《埃及记述》是第一套关于埃及考古系统化的科学著作。

1821年底，商博良定居巴黎。1822年9月22日，他宣读了他释读成功古埃及文字的报告，该报告以致达西尔先生的信的形式发表，从而宣告了埃及学的诞生。但当时，商博良的成就还未为人们所承认。1832年3月4日，年仅42岁的商博良因病辞世。

埃及学自1822年创建以来，经过几代学者的努力，已有很大的发展，并进而全面证实了商博良的理论。那时距商博良死去已有数十年了。由于古代埃及文字的成功解读，大批埃及典籍的内容被揭示出来，不断地开拓和深化埃及的研究领域，丰富了人们对伟大的埃及文明的认识。

小小的罗塞塔城，由于有了这块借以解开埃及象形文字之谜的碑石而举世闻名。这块著名的碑石在战乱中几经周折，最初在法国人手里，1902年，石碑又被英国人运往伦敦，陈列在大英博物馆里，直至今日。石碑的题签上写着：“不列颠军队政府的战利品。”

# “永恒”的寄托——木乃伊

在古埃及人的宗教观念中，死者复生的重要前提是保存好灵魂所要依附的尸体。保存的方法是将尸体脱水，制成木乃伊。埃及人制作木乃伊的工艺先进到近乎完美的程度。埃及历史上最伟大的法老拉美西斯二世的木乃伊就被很好地保存下来。为一睹这位法老木乃伊的“风采”，还引发了震惊世界的一连串风波和故事。

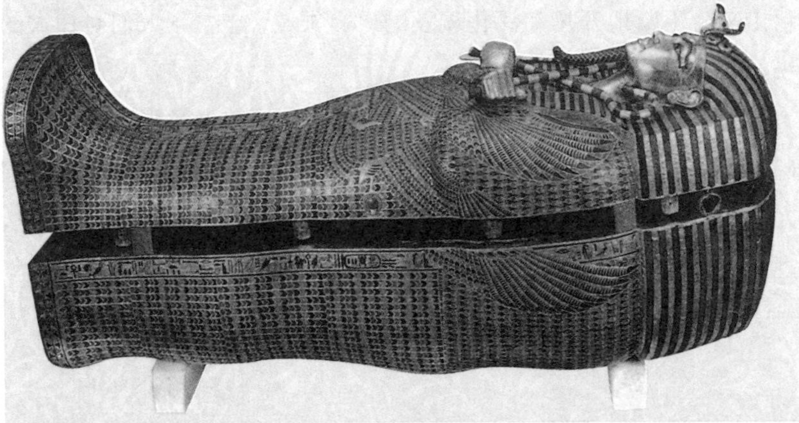

木乃伊金棺

完美的木乃伊包扎技术

在古埃及人看来，世界分为现实世界和地下世界，或者今世与来世。而且古埃及人认为，现实世界是短暂的，地下世界是永恒的。他们苦心追求永恒的世界，所以，他们重视来世甚于今世。为此，古埃及人宁愿不惜一切代价，用优质石材建筑高大的陵墓或壮丽的神庙，而用粗制的泥砖和木料建筑宫殿、居室。这就是为什么埃及的陵墓与神庙纪念性建筑物往往被保存下来，但却难以见到王宫和民宅等一般建筑物。

在古埃及人的宗教观念中，死者复生的重要前提是保存好灵魂所要依附的尸体。为此，古埃及人为了追求“永恒”世界，他们在人死亡之后，都要把尸体制成木乃伊，甚至动物的尸体也要制成木乃伊，以便长久保存。

木乃伊一词，通常是指以人工手段保存人类、动物，包括禽、鱼或爬行动物在内的尸体。

在埃及前王朝时期，木乃伊是自然形成的。那时人们把死者的尸体埋藏在很浅的圆形墓穴里。墓穴都选择在西部的沙漠地带，干旱、高温的气候使尸体在干燥的沙漠中很快脱水，变干，得以长久保存下来。这种天然形成的木乃伊，并非人工制作的，谈不上真正的木乃伊。

在前王朝的后期，埃及人越来越重视他们的来世生活，建造永恒的住所，而结果坟墓中往往留下了一堆白骨，尸体已不知去向，这就与冥国永生的观念冲突。从第四王朝起，人们已意识到尸体防腐的一个重要环节是取出内脏。

木乃伊是如何制作的？

当一个人死后，亲属们把尸体送到专门制作木乃伊的作坊，这些作坊称做“完美的房子”。在那里，制作木乃伊的师傅们先把尸体仰面放在特制的桌子上，第一步是把脑浆从头颅中取出。古代埃及人相信，人的思维和智慧的中心是心脏而不是大脑，而且脑浆会有碍于头部的保存。接下来的一步是在腹部的左侧开一个口子，除了埃及人认为最重要的心脏和位置稍偏的肾外，其他内脏一律取出。掏空的腹腔首先用尼罗河的水清洗，随后，用香料对尸体进行处理，暂时用替代物将腹腔填满，再使用大剂量的泡碱，促使尸体干化。

这样，经过大约40天以后，尸体被移到叫做“圣洁之所”的屋子里，用在树脂里浸泡过的麻布将腹腔重新填满，重新缝合取内脏时割开的口子。尸体外面用松树油、蜡、泡碱和树脂合成的物质涂抹，最后再撒上香料，之后用麻布包缠尸体。包裹尸体的不同部位时，还要诵读相应的经文，还不时地在麻布层之间放入护身符。

从死人腹腔里取出的内脏经过处理，放进特制的罐子里。为了把内脏的处理和保存与奥西里斯神话联系起来，古代埃及人认为守护装有死者内脏的罐子的四个神是奥西里斯的儿子荷拉斯的四个儿子。有时埃及人还把盛装内脏的罐子盖塑造成各自保护神的头。守护肝的神长着人头，守护肺的神长着狒狒头，守护胃的神长着豺狼

盛内脏的容器

头，守护肠子的神长着猎鹰头。

复杂而耗时的木乃伊制作是人们希望那保存完好的尸体为死者不死的灵魂“巴”提供一个栖息之地，而后尽情地享受生活。在一个死者以第一人称向后人讲述的自传里，死者向众神祈求道：“愿我的‘巴’为所欲为，愿我能够按照我的心脏的意愿走出我在来世的居室，到尼罗河边畅饮。”

在埃及人的想象中，通往来世的路程是遥远的，而且是充满各

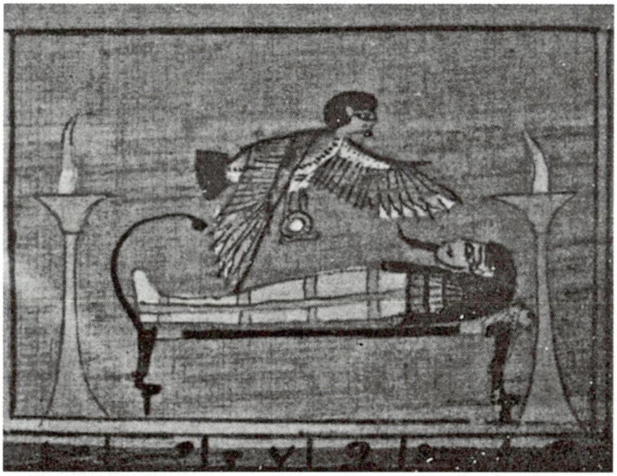

木乃伊与灵魂，反映古埃及人在死后仍追求肉体和灵魂的结合

种危险的。在一篇描写阴间的铭文中，古代埃及人把从现世到来世的距离测定为约今天的1200公里。在这独自走完的路途上，死者需要通过各种险关狭隘，还要回答许多把守关卡的“妖魔鬼怪”所提出的难题。因此，等到那一系列旨在促使死者复活过来的仪式完成以后，送葬的人们会在音乐舞蹈伴奏下饱餐痛饮，象征性地与死者一起享用生命的醇酒美食，并借此祝愿死者在去来世的路上把握住自己的命运。

木乃伊的制作技术在新王国时期达到顶峰。新王国衰落以后，古代埃及人无论在财力上还是在宗教信仰的虔诚程度上都江河日下。

这时的木乃伊已经基本丧失了它一直所具备的神圣和魔术般的力量以及它内在的动因，逐渐变成了仍然活在世上的人向外人显示财富和表白孝顺的工具，把主要精力放在木乃伊的外壳上。在亚历山大一世征服埃及以后的托勒密时期，木乃伊的制作逐渐成为商业行为。制作木乃伊的人要根据死者亲属所支付资金的多少，把尸体进行或简单或精致的包裹，而对尸体内部的处理则极为粗略。罗马帝国时期，人们制作木乃伊的热忱进一步减弱，技术也同时下降。等到了公元641年，随着全新的宗教伊斯兰教的传入和完全不同的来世观念的兴起，木乃伊的制作终于停止了。

除了人的木乃伊，埃及还留下许多动物的木乃伊。古埃及人常常把一些动物看做神的化身，认为众神可以通过这些动物在尘世出现。当一些以神化身的动物死后，人们对他们进行防腐处理，然后举行隆重的安葬仪式。到后王朝时期，也就是公元前11世纪以后，被神话的动物越来越多，出现了动物的墓地。到公元前4世纪，希腊人统治埃及后，人们普遍崇拜巴斯特神，猫成为炙手可热的动物，为了赶制猫的木乃伊，许多猫活不到两岁，就被打死制成木乃伊。

木乃伊猫，约制作于公元前30年之后，现存于大英博物馆

由于埃及人固守传统，对于祖先遗留下来的传统，总是竭尽全力去保护，许多古老的风俗便一代一代地传下来，其中就包括送葬风俗。1881年7月，在帝王谷的一个秘密山崖墓穴里发现了40具古代法老的木乃伊，其中有埃及历

拉美西斯二世的木乃伊

史上著名的图特摩斯三世和拉美西斯二世的木乃伊。在运往开罗博物馆的途中，两岸农民闻讯而来，自动为法老木乃伊送行，再现了古代埃及送殡时的那种悲壮场面：数百农民带着自己的妻子陪着轮船沿岸而行，许多妇女号啕大哭，向自己身上涂着泥巴，男人们则大声喊叫，开枪向法老木乃伊致敬，表达了埃及人对传统的尊重。

拉美西斯二世木乃伊风波，也体现了人们对法老的悠然无尽的感情。1975年，法国总统德斯坦访问埃及时，提出将陈列于埃及国家博物馆的拉美西斯二世法老的木乃伊暂借到法国，随同拉美西斯二世的有关文物一道展出。对德斯坦总统的建议，萨达特总统原则上表示同意，但提出此事由埃及文物主管部门和法国有关方面协商。埃及文物部门官员不同意，他们认为，像拉美西斯二世这样一位埃及历史上的伟人，其遗体不宜运往异国他乡，这也存在安全隐患，会遭到犹太激进分子的袭击。因为在历史上，犹太人认为，拉美西斯二世就是那位驱赶以色列人出埃及的法老。但在德斯坦总统的坚持下，拉美西斯二世的木乃伊仍然送往法国展览。在此期间，由法国和埃及组成的102名科学家竭尽全力对看上去即将蔓延拉美西斯二世全身的腐蚀性疾病进行了精心的诊断、治疗，并获得成功。

据载，1976年9月，当拉美西斯二世木乃伊在巴黎“治愈”返回开罗前夕，法国马恩省圣母院神甫为遗体祷告时，一线阳光突然穿破云层，透过玻璃窗，照在拉美西斯二世的脸上，就像每年2月

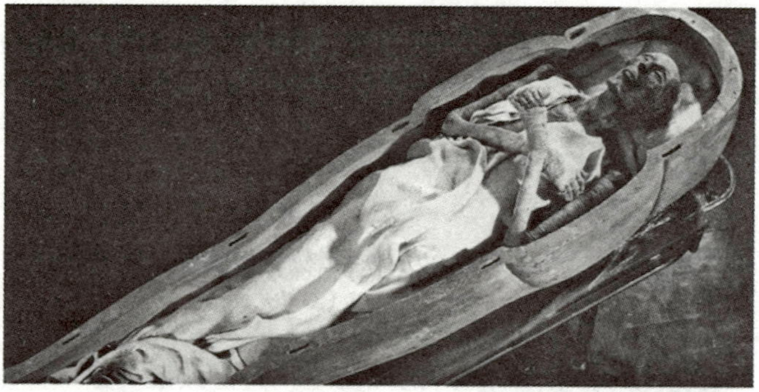

经过精心修复的拉美西斯二世的木乃伊被重新放入雪松棺木里，并且盖上由罗浮宫博物馆捐献的一块古代麻布，使他看上去“容光焕发”

21日和10月21日早晨，太阳准时穿过阿布辛拜勒神庙的狭长甬道，照在拉美西斯二世的石像上一样，祝贺太阳神之子重返故乡……

拉美西斯二世木乃伊在法国“抢救”期间，法国电视节目中播出了相关画面，主持人解说中也出现了不当的评论：“埃及最著名的法老拉美西斯二世正向你走来，那位3000多年前欺压以色列人，驱赶他们出埃及的法老正出现在你们面前，看吧！瞧吧！欣赏吧！”这是拉美西斯二世木乃伊在“抢救”期间拍摄的长达20分钟的新闻记录片，法老遗体完全裸露在观众面前。这样的解说和画面使舆论哗然。埃及人认为，如此对待埃及伟大的法老，不仅是对死者的亵渎，也是对生者的侮辱。影片播放后的第二天，埃及、法国及世界其他国家媒体纷纷发表文章批评、指责这一做法。埃及报刊纷纷载文说：“拉美西斯二世事件是犹太人的一次阴谋。”欧美舆论界也对法国“抢救”拉美西斯二世木乃伊的动机产生了怀疑。萨达特总统也十分不满，当拉美西斯二世的木乃伊由法国专机送回埃及后，他向埃及国家博物馆下达指示，禁止展出法老木乃伊，此后11具法老及其王后们的遗体被封存于展厅中，只有拉美西斯二世法老遗体经特许后，才向来埃及访问的外国贵宾开放，其中最后一个去参观的人是美国前总统布什的夫人。

# 金字塔之谜

一提到埃及就会想到金字塔，一提到金字塔，就会想到埃及。金字塔集中了埃及文明中所有的重要元素，它的存在并不只是巨石的堆砌物，而是一种文化符号，是埃及的象征。它俯视埃及大地已近5000年，它的辉煌、庞大、古老、神秘会震撼每一个目睹者。从埃及学到金字塔学，人们关注它、研究它。围绕金字塔，人类展开了无穷的遐想，或许金字塔将是地球上永远的不解之谜。

三大金字塔

金字塔是埃及的象征，从它建成的那天起，它俯视埃及大地已近5000年，目睹了人世间和大自然无数的变化沧桑。在阿拉伯谚语中有这样一句名言："万物终有消逝，金字塔永存。"

相传，叱咤风云的希腊马其顿国王亚历山大大帝在征服埃及后，曾进入胡夫金字塔里独自冥想。雄心勃勃，不可一世的拿破仑也在金字塔狮身人面像前留下那千古名言。是的，从人们看到它的那一刻起，它就被蒙上了一层神秘的外衣，产生了一个个不解之迷。

首先，巨大的金字塔是如何修建而成？以三大金字塔中最大的胡夫金字塔（习惯称为"大金字塔"）为例，如果把这座金字塔所用的石块都敲碎，铺一条一尺宽的道路，可绕地球一周。更为奇特的是，每块石头都磨得很平，石头之间的缝隙很小。塔基四个角接近90度，各边的长度最大误差不超过20厘米，每面的倾斜角约为52度。在塔身北侧离地面13米高处有一个用四块巨石砌成的"人"字形出入口，使塔身巨大的压力均匀地分散开了。由此，充分体现了近5000年前古埃及人对几何学和力学的理解和运用。

金字塔的内部构造也是极复杂的。胡夫金字塔无论是看其外观

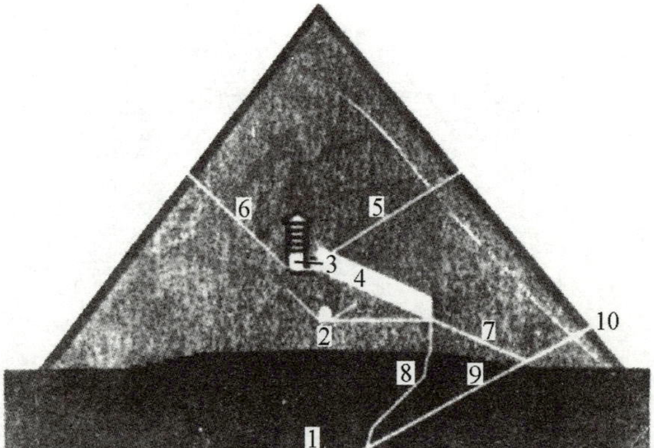


胡夫金字塔内部结构示意图

图中所示：1.地下石室；2.王后殡室；3.五层石室；4.大走廊；5、6.通风道；7.上坡甬道；8.竖井；9.下坡甬道；10.原始入口

还是探其内部结构，规模与建造的精确度都令后人惊叹不已，被称为古代世界七大奇观之首。建成如此巨大与精细的工程，在约5000年以前何以能成？一直是人们关注的焦点。希罗多德曾于公元前5世纪到过埃及，据他所知，只筑道一项就花费了10年功夫。在建造胡夫金字塔时，胡夫强迫百万埃及人为他做工，他们被分成10万人一大群来工作，每一大群人要劳动3个月，交换着做着这极为辛苦又危险的劳役。建造胡夫金字塔花了整整20年的时间。

胡夫金字塔

但是，也有人认为希罗多德的记载有夸张的成分。近年来，考古人员在金字塔附近发现了工匠居住的村落，通过对工匠居住村落的遗迹测算，只有大约25000名劳工参与建造金字塔，这就意味着希罗多德有关金字塔由百万名工匠建造的论断是不准确的。同时，从古埃及人的宗教观念和生活实际出发，他们是“心甘情愿”地承担修建金字塔的劳役，帮助法老到达天堂。

然而，疑问仍旧存在：金字塔的建造是一系列复杂而繁重的工程，在没有任何起重工具的年代，工人是如何快速地将每块重几吨、几十吨甚至重百吨以上的约230万块巨石搬运、砌上去的呢？金字塔的外壁石块都精确地紧贴着，像利用激光切割的一样，其缝隙迄今仍相当紧密，一把锐利的刀也难以插入。如此精湛的工艺，出自近5000年前古埃及的工匠或奴隶之手，的确令人难以相信。还有，金字塔能如此精确地体现出建筑、定位技术和天文、地理、物理、几何诸学科的原理和数据，金字塔四边误差之微，“正直角技术”在转角建构上的高超应用等，都令世人惊叹不已。特别是它在天文地理上的数字巧合，让人对金字塔的用途产生怀疑。传统的说法自然是作为胡夫法老的墓地，但却始终没有发现胡夫及其妻子的遗骸！

胡夫大兴土木，但很少为自己立像。这尊象牙胡夫坐像让我们一睹他的真容

金字塔底面正方形的四边方向正对着东、南、西、北，塔的进口隧道正对着北极星，胡夫金字塔底面正方形中央纵平分线，就是地球的子午线，它正好把地球上的陆地和海洋一分为二；金字塔又像一个巨大的石晷，能够确定每年的四时之分，误差不超过一天。有人把金字塔看做经纬仪，可以从任意角度把土地三等分。同时又视为天文台、观象台，用以观察苍穹，了解星辰的运行，占卜未来。如天狼星是一颗不寻常的星星，它具有双重星球系统的身份：天狼星A便是我们看到的部分；另外还有天狼星B，围绕在天狼星A的周围，但因体积小，无法以肉眼看到。一直到1862年，美国天文学家用当时最大、最新的天体望远镜，才第一次看到天狼星B。然而，金字塔经文中的作者却早已具备了天狼星为双重星球系统的知识。这一切

金字塔与天文现象

令人瞠目结舌又难以破译。还有研究者认为，金字塔的石块蕴藏着一整套相互联系的数字、尺寸、重量、温度、方位、几何和宇宙信息密码。金字塔内有一组神奇数字“142875”，已在“英特网”上建了破译它的网页。

金字塔中还有许多其他的奇特现象：在塔内，牛奶、鲜肉能长期保鲜；关节痛、头痛、牙痛、全身疲劳，在塔内呆上一会儿，就能疼痛减轻、疲惫消除、精神焕发；用放置塔内一定时间的水洗伤口，能加快伤口愈合，用来洗脸，皮肤细腻光滑，用来浸泡种子，发芽率大大提高；更令科学家惊叹的是，法老遗体在塔内历经近5000年仍保存完好，金字塔因而被称为“魔塔”。

为什么金字塔有如此神奇的效应？各国学者不懈探索，众说纷纭。有人认为，金字塔能聚集宇宙能量，称之为“金字塔能量”。中国一些科学家研究发现：根据金字塔的比例制作的模型也具有这种现象，科学家称之为“魔塔效应”。有各国报道称：把包装盒做成小金字塔形，放在里面的茶叶味道更清香，中草药疗效会更加明显，植物生长速度较塔外的更快。在金字塔形病房中，能加快病人的康复；金字塔形帽子能明显改善大脑功能，对帕金森氏症、老年痴呆症有

攀登金字塔谈何容易

效率达75%；还有在实验中，让83名弱智儿童戴金字塔形帽，结果他们的智商提高了25%～38%，等等。现在，许多国家都有专门从事研究金字塔能的社会团体，以揭开个中奥秘。当然也有人持反对态度，甚至斥之为“伪科学”。

关于金字塔的各种议论五花八门，其中既有科学的考证、大胆的推测，又有神奇的假设、想入非非的臆测，更有一些庸人、巫师提出种种扑朔迷离、荒诞不经的说法，妄图把人们引入迷魂阵中，不知不觉使人们成为他们宗教迷信宣传的俘虏。有人把金字塔与外星人、神及上帝联在一起，更加给它抹上一层神秘的色彩。

有人提出，金字塔可能是古埃及人在外星人的默示之下建造的。还有人认为，胡夫金字塔是由失踪了的亚特兰蒂斯岛先民所造。根

金字塔顶端高耸入云，使金字塔淹映在一片迷雾中

据古希腊哲学家柏拉图的记载，亚特兰蒂斯岛位于大西洋直布罗陀海峡以西，在公元前10000年曾创造过辉煌的文明。那种文明同我们今天的这种借助机械力量、对物质的控制几乎无所不能的文明有所不同，那是一种无机械认识的文明。亚特兰蒂斯人对于自然规律已经有很深刻的认识，能够建筑规模宏大的宫殿和神庙。大西洲的地势较低，由于当时地球处于冰川期，海平面比今天要低130～150米。所以当公元前10000年因陨石雨袭击地球，造成气候突变，海平面在一夜之间突然急剧上升时，亚特兰蒂斯人遭受了灭顶之灾。在这场灾变中，有一部分人侥幸逃脱，在古埃及地区停留下来，用超凡的自然和建筑知识建造了宏大的地下档案密室，将大西洲的历史和文明密封其中，并用后来雕刻成狮身人面像的巨石标明方位。这些人把其中的某些信息透露给了当时居住在埃及土地上的土著人。随着时光的流转，这些亚特兰蒂斯人早已灭绝，而那些埃及土著人的后代也已经渐渐遗忘了大西洲来的文明，直到近5000年前又一次大洪水降临的时候，古埃及人想起祖先留下的启示，无意中运用亚

特兰蒂斯人奇妙的建筑构思建造了一系列的金字塔。

更有人认为，金字塔的石头是“人造的”。2000年，法国化学家戴维杜维斯提出了一个惊人的见解，他认为建造金字塔的石料不是天然的，而是由人工将破碎的石灰石掺和贝壳混合而成的，类似于现在的浇灌混凝土。此理论的依据之一是他在一石料中发现了一英寸长的人发；之二是他发现石料中夹有矿物质和气泡，天然石块是不会含有这两种物质的。因此，他断定金字塔是古埃及人利用木模逐层浇灌造石得来的。埃及古谚语中说过“金字塔是光明之顶，是巨大的眼睛”，它的意思就是说金字塔是为了给遥远的宇宙航行指导方向。早在3500年前，苏美尔人就在他们的泥版书中给金字塔画上会飞的翅膀、大大的眼睛及发光的高顶。

1998年，英国著名金字塔学专家、以态度严谨而著称的扎克里亚斯特钦在其新著《通往天外之路》中写到：“吉萨高原乃至整个尼罗河谷金字塔的排列与猎户星座的排列完全一致，所以金字塔肯定和这个星座有关系，如果进一步研究还会发现，整个尼罗河河谷是一幅巨大的星象图！”对于此星象图的涵义，他还无法解释。这种说法，不由得让人将埃及金字塔与南美洲的玛雅金字塔联系在了一起，玛雅金字塔的布局、作用与观察天象有关，埃及金字塔是否也有此作用呢？

# 帝王谷与法老的诅咒

新王国时期的法老们，为死后能顺利进入"太阳来世"而修筑陵墓可谓煞费苦心。法老们选择了尼罗河西岸的山谷作为墓地，这就是所谓的帝王谷。在进入帝王谷的路口，耸立着石头雕像，帝王谷中的祭庙及金字塔极尽豪华。墓中金银珠宝、珍品雕塑无数，这种显示着王家财富的诱惑是不可抗拒的，埃及民间的盗墓之风盛行，加上西方考古学家掘墓探究，如此，法老死后的宁静被打破。随之而起的种种神秘死亡屡屡发生，人们不禁想到法老墓穴中刻着的可怕诅咒："不论是谁骚扰了法老的安宁，死神之翼将在他的头上降临。"难道真的是咒语显灵吗？

帝王谷——法老安息之地。帝王谷是卢克索附近一个幽深的山谷，许多埃及法老的陵墓都集中在这里，人迹罕至。另外还有一处王后谷

出于古埃及人的宗教观，已故国王的安放仪式比较复杂。金字塔处还要建造河谷庙和葬祭庙。河谷庙又称下庙，是送葬队伍暂停遗体的地方，而葬祭庙或享殿则是法老安葬之所，同时营造许多假穴来迷惑盗墓者。

法老坟墓，这种显示王家财富的诱惑是不可抗拒的。从古王国后期，埃及民间的盗墓之风盛行，几个世纪间，有些村庄的人们长期以盗墓为业。因此，到新王国时期，法老们便不再为自己修建金字塔，而是竞相在底比斯尼罗河两岸的山谷中，凿岩成窟，用于安放自己的遗体。夫唱妇随，王后们也在这里建墓。于是这里成为新王国时期举世闻名的“帝王谷”。

帝王谷的确是块风水宝地。它遥望新王国时期的首都底比斯，脚下是日夜流淌的“母亲河”尼罗河，背靠连绵的底比斯山，虽荒凉却威严。

至今帝王谷已挖掘过62座陵墓，其中最著名的陵墓是图坦卡蒙

帝王谷

英国考古学家卡特

墓，他的陵墓的发现，是英国考古学家卡特几经周折，经过8年的艰苦努力才完成的。图坦卡蒙是埃及历史上发动一神教改革的法老埃赫那吞的女婿，他出身平民却因貌美被选为驸马，后继承王位，但即位不久便死去。悲痛的王后厚葬了图坦卡蒙，并在墓中放置无数珍贵的陪葬品，使之极尽哀荣。因为这位年仅18岁就撒手人寰的法老，生前来不及建造陵墓，就遭到了暗杀，遂被葬入已经挖好的高级官吏的墓穴内。

眼前的这座图坦卡蒙墓室四壁空空，简陋而狭小，似乎根本就无法与其他的国王陵墓相比。生前的用品当做随葬物集中堆放在墓里。然而，图坦卡蒙陵墓是唯一没有被盗贼光顾过的法老陵墓，墓中完好地保存着几千件随葬品，其中最引人注目的是法老的包金宝座，用珍宝镶饰成的法老黄金面具，以及彩绘的木箱等，都是研究古代历史的无价之宝。图坦卡蒙陵墓的挖掘是埃及考古界最伟大的发现。

英国考古学家卡特打开贴金木椁时激动不已

与帝王谷齐名的王后谷，埋藏着同期的王后与一些夭折的王子，已挖掘的也已有70多座。

法老坟墓显示的王家财富的诱惑对盗墓者来说是不可抗拒的。这些坟墓屡遭盗墓者的侵扰。尽管为防泄漏墓中的机密，常常将最后参与此事的建筑人员秘密处死，并以厚重、严实的石壁相阻隔，但也抵抗不了人心的贪婪，保护不了国王们的安宁。

在一张古代纸草纸上发现的真实审判文卷显示了他们的贪婪："我们闯进去，看到法老躺在墓室的后部……脖子上戴着一串黄金做的护身符和好多饰物，头上戴着金面罩，法老庄严的木乃伊通身盖着黄金。覆盖的东西里外都是金银编制的，还镶嵌着各种宝石。我们剥下他身上的金衣，取下他脖子上的金护身符和饰物，揭走盖在身上的金被子。我们还找到了法老的妻子，把她的身上的东西照样剥光。我们还找到了金瓶、银瓶和铜瓶，也统统偷走，然后把它们分了。"

有图坦卡蒙与王后像的宝座

彩绘木箱

由埃及人自己带头展开的盗窃行为，在罗马拜占庭皇帝统治下继续进行。这些皇帝从埃及盗窃了大量的方尖碑和狮身人面像，用以装饰罗马和君士坦丁堡的宫殿。阿拉伯人统治埃及后，埃及出现了一本用阿拉伯文撰写的巫术书《藏珠之书：藏宝挖掘指南》，此书详细罗列了各个宝物的埋藏地点。在这本书的推动下，埃及寻宝者日渐增多，到14世纪时，在埃及盗墓成为一种职业，开罗博物馆馆长曾说："战争和漫长的岁月毁掉的文物，比不上这一本书的罪过。"

19世纪初起，开罗的商人就向农民购买文物，图为人们让一个埃及富人看货

西方的盗墓者从沙漠中拉走拉美西斯二世巨大的头像，把它运到了大英博物馆："我在它的残骸和椅子附近找到了它，显然它在冲着我笑，因为想到将要被带到英格兰去。"

随着埃及政府开始对盗墓活动进行治理，有计划的考古发掘也就开始了。1881年德国考古学家布鲁施在一座山洞里找到了一个巨大的墓葬群，内藏40多具法老的遗骨。其中有著名的新王国的开国元勋阿摩西斯（公元前1570～前1546年在位）、其子阿美诺菲斯一世、图特摩斯三世和统治埃及长达60多年的拉美西斯二世。这成为哄动一时的考古重大发现，"人们见到了世界上一度有过，但已不复

法老的劫难——拉美西斯二世的胸像被拉出，现存大英博物馆

存在的空前绝后的瑰丽的财富”。但帝王谷里最大的发现莫过于前面提到的图坦卡蒙墓的发掘了。

然而，随着陵墓大批珍贵文物重见天日，特别是随着对图坦卡蒙墓的发掘，轰动一时的“法老的诅咒”也就出现了。

1922年11月19日，人们在发掘第十八王朝法老图坦卡蒙（公元前1361～前1352年在位）的陵墓时，在通道里首次发现了这样的咒语：“不论是谁骚扰了法老的安宁，死神之翼将在他的头上降临。”发掘图坦卡蒙的陵墓5个月后，花费巨资赞助并参与发掘的卡那冯伯爵在连续发烧12天后，死于开罗一家医院。他的儿子闻讯赶到病房里看他时，全医院的灯火突然熄灭了。与此同时，他远在英国的爱犬也猝死。这诡异的病情和死亡情景，让很多人满腹疑团。在之后的几年间，有数十位跟图坦卡蒙考古发掘有关系的人，先后猝然死去。其中有发掘者，还有参观者以及研究人员，包括主要发掘人之一、英国考古学家霍华德·卡特的助手皮切尔不明原因身亡，皮切尔的父亲跳楼自杀，送葬汽车又压死了一名8岁儿童。一系列死亡事件引起了人们对法老咒语的注意。后来，考古学家在其他陵墓也发现了类似的咒语，如：死者之灵将扼杀盗墓贼，如同扭断鹅颈一般。

花费巨资赞助并参与发掘图坦卡蒙陵墓的卡那冯伯爵

此后又屡屡发生了显示咒语“威力”的不幸事件。意大利考古学家贝尔萨尼，是一个与木乃伊为伍的古埃及考古专家，当他在1823年春天率领一支队伍前往非洲的途中，也患了像卡那冯伯爵那

1820年，身穿土耳其服装的贝尔萨尼

样的怪病，长期高烧不退，整日胡言乱语，经常喊着“死神的手已经抚摸在我的身上了”。就在这样令人摸不清头脑的呓语中，他死在了这年的12月3日，享年45岁。

法国考古学家商博良，在他破译古埃及文字的同时，就曾经连续五天昏迷不醒，口中念叨着几位法老的名字。1827年，法国政府派他前往埃及探险，从事金字塔的研究。当考察结束，他于1832年返回法国之后不久，突然去世，当时只有42岁。

德国科学家比哈斯——时任埃及学会的副会长，由于工作关系，1862年夏天，他领着一位来埃及访问的公爵夫人，参观了卢克索和帝王谷的金字塔，就在访问结束、返回开罗的路上，他就突发高烧，昏迷不醒，两星期后死了，年仅37岁。

第一个解开图坦卡蒙法老裹尸布、并用X光透视木乃伊的专家齐雷德教授，才拍了几张X光片就发起了高烧，身体急剧地衰弱下去。一向对诅咒之说不以为然的齐雷德教授似乎觉得有些不妙，连

西方考古学家们争相挖掘运走墓中珍宝。这是1844年，从阿蒙神庙里运走巨大的公羊雕像的情景（现存柏林博物馆）

忙带病回到伦敦。第二年，他死在了家乡。

卡特最重要的助手、考古学家亚瑟·梅斯，是帮助卡特打通图坦卡蒙王陵最后一堵厚墙的人。在完成这项工作之后，他的身体便每况愈下。在1928年4月，他毫无理由地陷入深度昏迷，死在了旅馆里。这间旅馆，就是卡那冯伯爵生前最后居住过的那一家。

从1922年发现并挖掘图坦卡蒙墓地到1930年底，先后有22位与图坦卡蒙王陵直接或间接扯上关系的人死于非命，其中直接参与过陵墓挖掘的有13人——这是一个欧洲人最忌讳、最恐慌的数字。

1964年5月，赫鲁晓夫访问埃及。就像所有能够来到埃及的人一样，他在抵达开罗的第二天，就迫不及待地希望能够前往胡夫金字塔等地点参观探秘。就在他兴致勃勃准备出发的时候，却收到了来得非常及时的克格勃加急电报，电文要求他“绝对不能进入金字塔内”。赫鲁晓夫虽然身为一国首脑，还是不得不听从了这项要求。

法老的诅咒究竟存在吗？作为一种铭文，它是存在的。那么，法老的诅咒灵验吗？到目前为止，我们还没有看到灵验的迹象，尽管有那么多神秘的传说，很吸引人，它只能满足人们去探索真相的希望。

不过，埃及科学家却认为，“法老的诅咒”之说根本就是捕风捉影。据称，他们正试图对新挖掘的埃及古墓进行检查，寻找有毒物质、毒气或细菌的痕迹。

除了病理学上的解释探索外，还有人提出生理上的和心理上的解释以及塔内具有放射性物质的可能。关于这一点，有人还把它同1912年4月“泰坦尼克”号的沉没联系到一起。当时船上即载有埃及第十八王朝的一位女祭司的木乃伊，准备运往美国。她身上佩戴着不少饰物，头下面则放着一块符咒，上面画着死神奥里西斯像，写着一句咒语：“你从沉睡中醒来吧，你看一眼就能战胜伤害你的一切。”木乃伊就放在史密斯船长的指挥宝座的后面。有人认为，可能是船长受了放射性物质的损害，在神经混乱中导致差错，并最终葬送了这艘巨轮。

# 狮身人面像——斯芬克斯

距哈夫拉金字塔不远处的狮身人面像，又称“斯芬克斯”，与金字塔一样，是埃及古文明的又一重要象征。它长着女人的头，狮子的身躯，还有两只翅膀和一对硕大无比的爪子。狮身人面像坐西向东，每天清晨阳光撒满全身，被埃及人誉为“日出之神”，曾是一处朝圣地。关于它的太多的传说更增加了它的神秘与神圣。4000多年来，它真诚地守卫着吉萨金字塔群，曾几次被流沙淹没。漫长的岁月使“斯芬克斯”伤痕累累，长须不翼而飞，鼻子也被打掉了，然而，世人对它的崇敬与兴趣无减。

狮身人面像

和埃及金字塔一起带给人们神秘、向往和震撼的还有狮身人面像。

狮身人面像坐落在距哈夫拉金字塔东北372米的一块洼地的中央。人面像由整块巨石小山琢成，高20米，体长57米，如果算上石块砌成的两个前爪，全长72米。它头戴皇冠，两耳侧有扇状的“奈姆斯”头巾下垂，前额装饰着据说能喷射毒液的“库伯拉”圣蛇浮雕，下额挂着标志国王威仪的长须，脖子上围着项圈，鹰的羽毛图案打扮着狮身。石像面貌慈祥，微露一丝神秘的笑容。4000多年来，它忠诚地守卫着金字塔，天天凝视着旭日东升，似乎整个人类的历史在它身上凝聚下来，它默默无语地笑看着、见证着人类在它的眼前演出的一会儿悲壮、一会儿可笑的一幕幕话剧。

狮身人面像，又称“斯芬克斯”，它来自于一个希腊神话。

众神之母赫拉把一个可怕的怪物送到古埃及首都底比斯城外，这个怪物长着美女的头和狮子的身躯，还有两只翅膀和两个硕大无比的前爪，它就是斯芬克斯。斯芬克斯蹲在一处悬崖上，不时用智慧女神缪斯教给它的隐秘来询问过往行人，如果有人猜不中谜底，

吉萨的狮身人面像和金字塔

它就将他撕碎并吞食掉。谜语是这样的：今有一物，在早晨用4只脚走路，中午用两只脚走路，晚间用3只脚走路，这是唯一用不同数目的脚走路的生物，脚最多的时候，正是速度最慢和力量最弱的时候，此为何物？由于许多人猜不出谜底而被吞食，全城陷入一片悲哀之中。不久，奥狄浦斯来到底比斯，他爬上悬崖，听了斯芬克斯的谜语，从容答出了谜底：这是人。人在生命的早晨，是软弱无助的孩子，需要用双手双脚来爬行；人在生命的中午，是身体强壮的成人，只用双脚走路；人到了老年，生命进入暮年，需要拄着拐杖走路，因此就有了三只脚。奥狄浦斯的正确回答使斯芬克斯十分羞愧，它跳崖摔死。

盘踞在金字塔之前的狮身人面像，极像希腊神话中的斯芬克斯，因此长期以来又被称为斯芬克斯，这更增添了它的神秘色彩。其实此说极为荒谬，因为埃及狮身人面像诞生于公元前2600年，当时希腊民族尚不存在，“希腊人出现在历史黎明前的微光之中”，约在公元前1500年，而南欧的希腊文明则出现在公元前7世纪。所以，埃及的狮身人面像不可能源自希腊的神话传说，相反，希腊神话传说中的斯芬克斯形象却很可能来自埃及。公元前4世纪，一批批希腊

侧面看斯芬克斯——狮身人面像

人踏足埃及，他们一见到这座奇怪的石像，有人便脱口而出“斯芬克斯”，不料这个名称后来竟成了狮身人面像的代名词。

传统说法是，狮身人面巨像是在大约公元前2600年处于古王国时代第四王朝的埃及法老哈夫拉统治时期修建的。这个国王的陵寝虽然内部比其父胡夫的金字塔逊色，却以其外部分布有致的建筑群而独胜一筹。传说公元前2610年，哈夫拉法老巡视自己的陵墓，看到金字塔前耸立着一座秃山，认为不雅观，脸色大变，欲下令将山推平。这时，一位年轻的工匠从神话、现实生活和山的外形中获得了灵感，便别出心裁地建议把小山雕成哈夫拉法老的头像和狮子的身躯。在远古神话中，狮子是陵墓和庙宇等圣地的镇守者。哈夫拉听取了工匠的建议，于是狮身人面像就诞生了。据推测，狮身人面像是它身后墓地的守护神，但没有人能对此肯定。历史上，狮身人面像曾多次被流沙掩埋过。在它前面是一个石柱，或者说是一块直立的大理石石碑，上面记录着公元前15世纪图特摩斯四世法老的奇异经历。一天他外出捕猎小羚羊时坐在狮身人面像的阴影里休息时睡着了。梦中他得到启示，只要他把狮身人面像上的沙土扫掉，他就会得到埃及的王位。他真的扫了沙土，也真的得到了王位。后来其他法老也来此扫沙，这里成为一处朝圣地。狮身人面像坐西向东，每天清晨阳光撒满它的全身，埃及人认为它最早见到太阳，到新王国时期，它即被尊为“日出之神”。希罗多德在游览吉萨高地后，其著作中并没有提到狮身人面像，可能它当时再次被沙子淹没了。

哈夫拉开创了雕刻狮身人面像的先例，此后历代国王纷纷制作，为自己树碑传世。不过狮身人面像浮雕像的头有时为人头，有时为鹰头或羊头，而在开罗博物馆展出的哈谢普苏特女王石像，是古埃及唯一戴长须的女狮身人面像。

如今站在狮身人面像前细细端详，眼见经过漫长岁月的剥蚀，石像已是伤痕累累，凸凹斑斑。王冠、圣蛇、长须都不翼而飞，鼻子也荡然无存。大狮身人面像竟落到如此悲惨的境地。有人说它代表着永恒，万一有一天这个代表永恒的斯芬克斯真的轰然倒塌的话，人们面前的“永恒”概念会不会也在人们的思想境界当中突然地倒塌，不再相信永恒了呢？

人们担心，也许有朝一日，成千上万慕名而来的游客，将面对一片废墟默然凭吊了。

参观狮身人面像

# 神 庙

当古代埃及的国王们不再注重金字塔的时候，另一种用来表达对先王的哀思或对神祇虔诚的宏伟建筑物“神庙”便异军突起。特别是自新王国起，在前后500年的时间中，埃及建成的神庙数量之多、规模之巨、建筑之华美与恢弘，又成为让后人为之叹为观止的奇迹。其中，尤以卢克索神庙、卡尔纳克神庙、阿布·辛拜勒神庙最为著名。除了数不清的雕像，庞大高耸的成排柱廊，道道恢弘、精细的门楼外，还有阿布·辛拜勒的“神光”，都成为让人捉摸不透的神奇。

德国人莱普西乌斯1843年所作的石版画，表现埃斯纳神庙“多柱厅”的面貌

自新王国起，古代埃及建筑史开始了第二个伟大的时代——种类繁多、气势宏伟的神庙建筑的黄金时代。在500多年的时间中，埃及建成的神庙数量之多令人称奇，尤其在底比斯，华美的神庙、祭庙比比皆是。

在古代埃及，典型的神庙一般以中轴线为中心，呈南北方向延伸，依次由塔门、立柱庭院、立柱大厅和祭祀殿组成。这个时期的庙宇有四大特色：其一是塔门，在它与尼罗河之间有一条通道，两旁守候的是狮子或狮身人面形状的保护神。塔门分东西两个塔，分别代表着东、西地平线，整个神庙都强调着东西两个区域，象征着太阳神自东而西的行程。其二是位于塔门后的前庭，即立柱庭院，这是一个被界墙围起来的宽阔的空间，周围有柱廊环绕。其三是前庭后的柱撑式大厅，光线从顶部的天窗进入，这是供普通人朝拜的外殿。其四是柱撑式大厅另一侧的黑暗的神殿，供法老与僧侣朝拜之用，有时候它们之间还有更暗的柱撑式小厅。如果供奉着两三个神，那么在主神殿周围还有数个小神殿。从塔门到神殿，把人们从光明灿烂的天地引入一个黑洞洞、阴森森、死一般寂静的神的世界。神庙这种纵深的结构，使得神庙可以无限地继续修建下去。法老们喜欢在前人修建的神庙的基础上修修补补，塔门是最容易完成的部分，所以塔门多时达十几道。

卢克索神庙立柱和柱廊

在埃及众多的神庙中，最为著名的是卢克索神庙、卡尔纳克神庙和阿布·辛拜勒神庙。

卢克索神庙坐落在卢克索中心

卢克索神庙大庭院里的方尖碑和被毁坏的拉美西斯二世像

的尼罗河东岸，是古埃及第十八王朝的第十九个法老艾米诺菲斯三世为祭奉太阳神阿蒙、他的妃子及儿子月亮神而修建的。到第十八王朝后期，又经拉美西斯二世扩建，形成现今留存下来的规模。在神庙塔门两旁，耸立着两尊高 14 米的拉美西斯二世坐像，使游人一来到这里，立刻就感到他的存在。神庙墙上，左右两边的浮雕构成一幅完整的组画，生动地描述了他执政初期与赫梯人作战的情景。走过庭院就是艾米诺菲斯三世修建的柱廊庙，三面由双层柱廊环绕，由 14 根圆柱组成，每根高达 20 米。柱头的形状宛如绽开的纸草花，造型独特。

阿蒙－瑞的主殿不在卢克索神庙，而在卡尔纳克神庙。

卡尔纳克神庙又称阿蒙·赖神庙，位于卢克索北侧，是世界上残存的古代最伟大的神庙群，是法老们献给太阳神、自然神和月亮神的庙宇建筑群，也是古代埃及法老们祭祀阿蒙神的最高殿堂。其修建始于古王国时期，一直持续到公元前 1 世纪的托勒密时代，时间跨度超过2000年。为了取悦于神，几乎每位法老都对卡尔纳克神庙进行了扩建装修，使它成为一个复杂的庙宇建筑群。据说，曾有 50 多位法老参与建造卡尔纳克神庙。

卡尔纳克神庙规模宏大，全部用巨石修建。神庙共有10座门楼，最外面的庙门前有一条排列着狮身羊头像的公羊大道，是进入卡尔

卡尔纳克神庙的斯芬克斯公羊大道

纳克神庙的必经直路，通过公羊大道，位于2、3号门楼的圆柱殿是卡尔纳克神庙建筑中最杰出的部分。一座密林一般、面积为6000平方米、分成16排、共排列着134根石柱的巨大石柱殿展现在面前，尤其以中间的两排12根柱子最为粗大，那真是令人震惊的建筑奇迹。每根高20米以上，柱顶可站百人。

在卡尔纳克神庙主体建筑群里，还有中王国时期的祭祀殿，图特摩斯三世时建的宴会大厅和后院的长方形“圣湖”。当年尽管圣湖

卡尔纳克神庙废墟在19世纪时混乱不堪，这是意大利人贝尔佐尼的绘画，表现了卡尔纳克废墟的混乱情景

卡尔纳克神庙和圣湖

无鱼，但湖水取之不尽。按当时的宗教仪式，祭祀们每天在湖水里沐浴四次，每逢宗教节日在湖面上举行仪式。

在埃及众多的神庙中，还不得不提到拉美西斯二世花费20年时间修建的最著名的神庙——阿布·辛拜勒神庙，它位于埃及最南端。阿布·辛拜勒神殿分为两座：一座是拉美西斯二世神殿，也称大庙；一座是他为爱妃内弗尔塔里建造的神殿，也称小庙。大庙的威严壮观与小庙的阴柔之美彼此呼应。

阿布·辛拜勒神庙实际上是人工挖掘的一个洞窟。除山洞门口刻有四尊拉美西斯二世的巨型雕像外，山洞里还建有大大小小十几个洞窟，墙上、柱子上刻满了精美的雕像和浮雕。

贝尔佐尼笔下的阿布·辛拜勒神庙，远远望去，右边是小神庙，左边在悬崖当中的是大神庙

阿布·辛拜勒神庙最大的奇迹是神庙的“神光”。阿布·辛拜勒在洞窟最内部正对大门的地方，建有四座雕像，依次是太阳神、拉美西斯二世本人、阿蒙神和冥神。每年2月21日和10月21日清晨，当太阳光与洞窟形成平行角度时，一束阳光能够穿透61米长的洞穴，准确地照到太阳神的脸上，然后依次是拉美西斯二世和阿蒙神，而与阿蒙神紧紧相邻的冥神却永远享受不到这

阿布·辛拜勒神庙中的立柱

束“神光”。其中阳光照射到拉美西斯二世的脸上时间最长、亮度最高。更为神奇的是，阳光射入的时间不是随便碰上的，而是经过精心的设计和计算的结果。2月21日是拉姆西斯二世的生日，而10月21日则是他的登基日。由此可见，在3200年前，古埃及人已经拥有了多么惊人的设计计算能力。

1956年，由于这座神庙受到新建的阿斯旺水坝淹没的威胁，联合国出资将神庙分块切割，转移到安全的高处。二十几个国家的科学家运用最新的科技，力图使神庙保持原貌，但仍然留下了不可思议的遗憾：可能是计算错误，“神光”光临的时间整整迟了一天。现在分别是2月22和10月22日，也许冥冥之中的法老对他神圣的居所的移动有所表示？尽管迁移后的“太阳奇迹”发生的时间有所改变，但仍为人们所欢呼。现在，每年的这两个日子，都有几万人来到这里一睹“神光”，成为一个盛大的节日。

阿布·辛拜勒大小神庙

# 方尖碑、太阳船、纸草纸

方尖碑、太阳船、纸草纸，都是古埃及文明的见证。古埃及人相信太阳神创造了万物。太阳神每天乘船做两次航行：白天，由东向西，飞渡太空；夜晚，自西向东，穿越冥府。方尖碑是太阳神的象征，它总是伫立在埃及神庙的入口处，面向尼罗河。而太阳船作为古代埃及法老通向永生之路的工具，伴随木乃伊一起而葬入金字塔。至于在研究古埃及文明中无数次提到的纸草纸，则是埃及文明最重要的载体。纸草纸只产于尼罗河边的埃及，为埃及所独有。它不仅用于记载文字，还是重要的造船和建筑原料，在古埃及文明中发挥过重要作用。

方尖碑

西方有谚语：人类如果想要看到自己的渺小，并不需要仰视繁星密布的无垠苍穹，只要看一看在我们之前几千年就存在过、繁荣过，而且已经灭亡了的世界古文化就足够了。就地处北非的古埃及而言，当世界的绝大多数地区还处于蒙昧时代之时，这里已进入“文明社会”了，那金字塔、狮身人面像，还有饱经风霜的方尖碑等都是埃及古老文明的见证。

方尖碑是埃及文明最富特色的象征之一，也是古代世界最令人惊叹的工程业绩之一。方尖碑是用整块花岗石制成的，碑成正方柱体，由下向上逐渐变细，碑顶部呈棱锥体，一般有二三十米高，上百吨重，碑顶又多用金箔包裹，在太阳照耀下，宛如光彩夺目的太阳，故而古埃及人多把它看做太阳神的象征。

方尖碑一般伫立在埃及神庙的入口处

卢克索神庙的粉红花岗岩制作的方尖碑

埃及是方尖碑的故乡，世界上最大的方尖碑花岗石采石场遗址，距阿斯旺市区仅2公里。采石场沿尼罗河而建，约有6公里长。这里的花岗岩多为有小黑点的玛瑙红，岩体光滑润泽。据说古埃及的石料都是从阿斯旺开采，通过水路运输以满足尼罗河两岸的建设需要。

采石场遗址中有一个著名的景点——未完成的方尖碑。这个巨大的方尖碑横卧在采石场中，长41米，重达1267吨，原本是女王哈谢普苏特修建的。如果将这个方尖碑竖立起来，它将是全埃及最高的方尖碑。据传说，因为女王被图特摩斯三世赶下台，没来得及使用，这块方尖碑就被掩埋在沙石下面。

卢克索神庙的方尖碑

哈谢普苏特女王虽然没用上这块方尖碑，但她树立起来的耸立在新王国卡尔纳克神庙中的两座方尖碑仍然是埃及现存最高的方尖碑。画家、作家弗罗芒丹曾记述过他在1869年10月30日看到

弗罗芒丹笔下的卡尔纳克神庙与方尖碑

的卡尔纳克神庙和方尖碑：傍晚太阳下山时，我赶到卡尔纳克去……四座方尖碑只有两座仍然竖立着。令人惊叹的哈谢普苏特方尖碑是埃及最大的方尖碑……它位于举世无双的神庙正中心，它的顶端在暮色之中略略发红。如此巨大的方尖碑，古代埃及人是如何将它们放到船上，又是如何保证船不至于倾覆，这是和金字塔的建造一样的不解之谜。

方尖碑的精美，也招徕了贪婪者的光顾，它们同古埃及其他文物一样流入意大利、法国、英国和美国等地。意大利罗马的12座方尖碑，法国巴黎协和广场上的方尖碑，美国纽约中央公园的方尖碑，这些方尖碑现在身处异乡，是建造这些碑的埃及历代法老没有想到的。

古埃及人生活在尼罗河畔，两侧是广漠的沙漠，船只是沟通河谷两岸的唯一的交通工具，他们想象着太阳每天白天和夜晚由东向西、自西向东的两次航行，于是就有了太阳船。埃及古代的法老们，多仿制太阳船，并在其下葬的仪式中，沿着尼罗河乘船而走，仿佛太阳神在夜晚的旅行。

人们根据历史传说，推测金字塔下可能埋藏有太阳船。

1954年10～11月，当时在开罗以西吉萨金字塔地区工作的考古学家卡玛尔·马拉留在胡夫大金宇塔南侧18米左右的地方清理沙石时，发现一块块大小、长短不齐的木块以及一些芦苇和绳索。经考证，原来是胡夫法老执政时使用的一艘古船。被拆成650份，安放于石坑内。石板上哈夫拉的名字清晰可辨。那些木块经过4600多年沧海桑田，仍不蛀不烂，完好如初。全船没用一颗铁钉，而是用5000米棕绳如同缝衣服一般，将全部木板上4000多个洞眼穿扎而成，依靠木材遇水膨胀、棕绳收缩的原理堵塞缝隙。埃及著名文物修复家经过几年的艰苦努力，终于恢复了胡夫船的昔日雄姿。

胡夫船的出土被认为是20世纪中叶埃及考古界最伟大的发现，也是迄今发掘到的最完整的古代船只。

截至目前，在胡夫金字塔附近共发现五个石坑中收藏的五艘船。那么，胡夫船是否就是太阳船，学者们持有两种不同的看法。但无论如何定论，对我们来说最重要的是它实实在在地摆在面前，给灿烂的古埃及文明增添光辉。

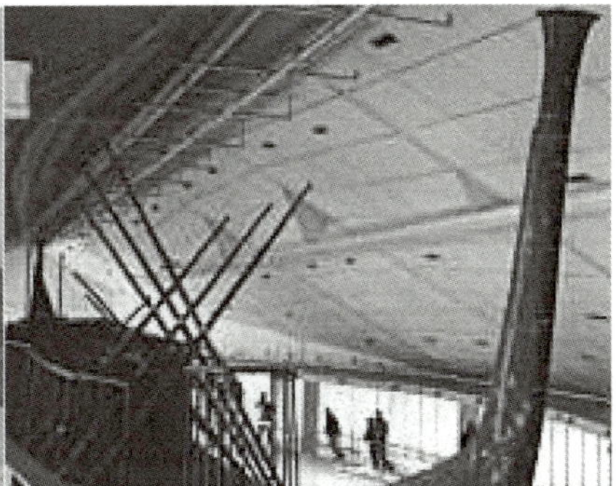

1954年，在吉萨金字塔附近的台地上发挖出的木船残骸已修复成功（左）
太阳船（右）

纸草

在研究埃及的古文明中，无数次提到“纸草”。纸草是一种多年生绿色草本水生植物，在埃及一向长得很茂盛，特别盛产于尼罗河河谷和三角洲一带。纸草茎长1～5米。整个茎部表面光滑，顶端为一束细长如发的针叶，像喷泉一样呈开放的伞状。纸草的纤维细密柔软，在古代，埃及人把它用在很多地方。用它编成绳子，捆在一起做成轻便的筏子，填塞船板间的缝隙，也可用于编织帆篷、席子、垫子等。然而，古埃及人对人类文明最伟大的贡献，还在于利用纸草造纸。

制造纸草纸需要几道工序。首先，要撕去纸草茎皮，将茎部从纵面剖成一条条的薄片，再按需要的长度，将薄片紧密地铺在平滑

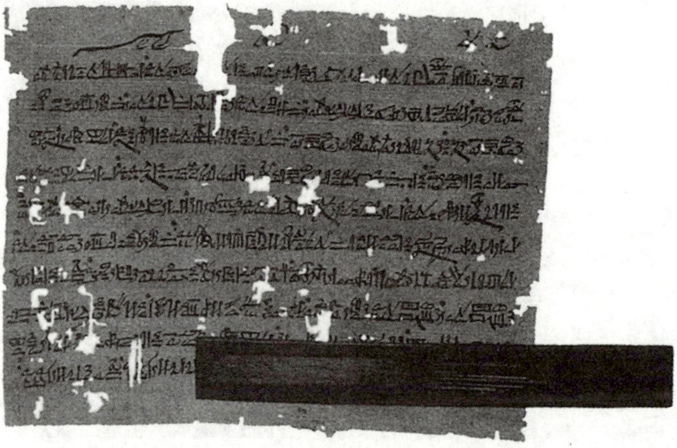

埃及书吏使用的纸草残片及木质笔盒

的木板上，然后将这种薄片的第二层垂直地平放在第一层上，让两层纸草茎片纵横交错，再用木槌敲打，让两层纸草紧紧粘在一起，再经过水中浸泡，以木槌敲打，在石板之下加压，在阳光下晾晒，揉平磨光，就成了上为正面、下为反面的纸草纸了。据考古证实，公元前3600～前2000年，古埃及人就掌握了用纸草植物制造纸草纸的技术，并用于文字书写。伊斯兰远征军征服埃及后，埃及生产的纸草纸出口到世界许多国家，是埃及的主要收入来源。只是由于纸草纸的原料单一，只能使用尼罗河流域的新鲜纸草，限制了它的推广。纸草纸用于书写一直持续到10世纪。当公元8世纪唐朝工匠将中国的造纸术传到阿拉伯世界后，纸草纸的制作就相形见绌了，并最终被中国的造纸术所取代。

1880年，人类首次发现了纸草文卷，并将其视为人类文明的宝藏。不幸的是，在许多阿拉伯国家处于外国统治时期，有成千上万部阿拉伯纸草纸文献走私、流失海外。1896年，经统计，埃及国立图书馆馆藏的纸草纸文献仅剩4000卷了。

现在世界上有的国家已开展了对纸草纸文献的研究，如有了“纸草卷学”的研究机构等。

书写《亡灵书》的纸草纸文献

# 第五章
# 历史与现代的交融

尼罗河给埃及带来了辉煌的古代文明。如今，历历在目数千年的岁月，那曾经的辉煌虽然已经久久地远去、失落，变得莫测与朦胧。然而，历史的记忆却永远地刻在埃及的土地上，延续着它的庄严、神圣与神秘。从公元前3200年，埃及建立统一的国家——第一个王朝起，法老的统治绵延了3000年。公元前6世纪之后，埃及先后被波斯人、马其顿人、罗马人、阿拉伯人征服，不仅留下了西方文化的印记，东西方文明在这里相融和交会，特别是阿拉伯人的长期统治，使埃及完成了阿拉伯化，成为一个典型的伊斯兰国家。1517年，奥斯曼帝国占领埃及，埃及成为奥斯曼帝国的一个省；1882年，英国人占领埃及，32年后，埃及又沦为英国的保护国。这一切，都使尼罗河创造的埃及文明有了更加丰富的内涵。从底比斯沉寂、凝重的神庙建筑群，到开罗繁华、喧嚣、高楼林立的城区；从亚历山大陈旧沧桑的灯塔和庞培柱，到风韵卓著的“埃及夏都”；从让古犹太人迷失的荒漠的“月亮之地”，到埃及人为之骄傲的财富之源——西奈半岛；从法老们连通红海—地中海的梦想，到今日的国际航道苏伊士；从古埃及打造方尖碑的采石场，到今日世界闻名的阿斯旺大坝，还有许多古老与现代、先进与落后、奢华与贫穷、光亮划一与杂乱无章的交相并存的埃及景观，都以“谜”一样的特殊魅力吸引着世界的目光。

# 世界城市之母——开罗

开罗是“一千零一夜”的城市，《天方夜谭》最终成形于这里。那时，人们称它为“世界的母亲”。尼罗河流贯市区后，分为两支向北注入分隔欧非大陆的地中海，开罗就位于尼罗河在这里形成的广阔富饶的三角洲的顶端。开罗是一座现代文明与古老传统相融、东西方色彩相辉映的城市，既现代又古老。距市区不远的古都孟菲斯遗址、吉萨金字塔群，遍布全城的清真寺及其宣礼塔，藏品在10万件以上的开罗博物馆，以及店铺鳞次栉比的哈利里集市，都以无穷的魅力，吸引着来自四面八方的游客。

19世纪英国画家享利·萨尔特笔下的开罗

13世纪的开罗街景

公元1382～1517年间，《天方夜谭》最终成形于开罗——一个充满奇迹的城市。《天方夜谭》故事中的一个人物说："未见过开罗的人就未见过世界，她的土地是黄金；她的尼罗河是奇迹；她的妇女就像天堂里的黑眼睛圣女；她的房子就是宫殿；她的空气柔软得像芦荟木般香甜好闻、令人喜悦。开罗怎能不这样呢，因为她是世界的母亲。"

埃及首都开罗横跨尼罗河，气魄雄伟，风貌壮观，是整个中东地区的政治、经济和商业中心。现代开罗由开罗省、吉萨省和盖勒尤卜省组成，通称大开罗。大开罗约有1675万人口，是埃及和阿拉伯世界最大的城市，也是世界上最古老的城市之一。古埃及人称开罗为"城市之母"，阿拉伯人把开罗叫做"卡海勒"，意为征服者或胜利者。尼罗河流贯市区后，分为两支，继续北去，注入分隔欧非大陆的地中海，形成了广阔富饶的尼罗河三角洲，开罗就在这个三角洲的顶端。

开罗的形成，可追溯到公元前约3000年的古王国时期，作为首都，亦有千年以上的历史。在它的西南约30公里处的古都孟菲斯遗址，是开罗城的先驱。不过现在孟菲斯已没有多少可看的东西了，只有在那开阔的平地上和一片绿荫之中的一所小小的院落，即现在的孟菲斯博物馆，内有的法老拉美西斯二世的巨型石像和院中的一尊狮身人面像，是人们流连忘返、怀古摄影留念之处。

由孟菲斯遗址西行约20公里，即到了世界七大奇观之一的金字

远眺开罗

塔。在寸草不生、遍地黄沙的原野上，这些埃及古帝王的石砌陵墓气势宏伟，向游人展示着墓主昔日的威仪。

开罗塔

在开罗市区的解放广场一侧，是埃及博物馆，藏品在10万件以上。博物馆在介绍埃及文化，特别是在介绍法老时期和希腊—罗马时期的古物方面，是无与伦比的。进入大门，映入眼帘的是难以胜数的石头：石人、石棺、石碑、石柱，名目繁多，这一部“石头记”是埃及的史书。与该博物馆相距不远，位于尼罗河中一个岛上的开罗塔，高187米，它建于1961年，是世界四大名塔之一。它的顶部有中东地区最高的旅游餐厅，整个餐厅外部用钢化玻璃建造，每隔30分钟就自动旋转一周，人们可以在进餐的同时观赏开罗市的全貌：街道上川流不息的车辆，大大小小清真寺的拱顶，鳞次栉比的高大建筑，纵横交错、气势非凡的高架高速公路，还有那白帆点点、飘若玉带的大河，荡漾入海，不舍昼夜。

在开罗，白色的清真寺构成开罗市容的鲜明特征。遍布全城的清真寺宣礼塔使开罗享有“千塔之城”的美称。开罗有阿拉伯世界现存最大和最完好的城堡——萨拉丁堡，至今已有800多年的历史。

开罗另一个著名景区是法老村，它位于开罗市内尼罗河的一个小岛上，占地约200亩，是埃及首任驻华大使哈桑·拉贾布博士在发现失传1000年的纸草造纸工艺后于1984年集资修建的。村内种植了大量的纸草，有以传统方法制造纸草纸和绘制纸草纸画的作坊。法老村内建有模拟法老时代的神庙、庄园、农户等建筑，有专人着

法老村

古装演示当时生产、家居及举行宗教仪式的场景，展现几千年前古埃及人的经济和社会生活画面。

开罗是座鲜花盛开的城市，这里常年气温起伏很大，7月份温度最高可达40摄氏度以上，到了10月份气温又陡降到了0摄氏度左右，这样的气温变化有助于花草树木的生长。在街上，你随时可以买到玫瑰花、夜来香、大理菊、水仙和石竹等浓香四溢的鲜花。

埃及的开罗是有着兼收并蓄特色的非洲国家的都城，这就是现

代文明与古老传统的相融，东西方色彩相辉映。这里既有古埃及的庄严与神圣，又有着西方现代世界中的堕落和糜烂；既有数不尽的高楼大厦、川流不息的车流，又有着随处可见栖息街头路边的乞儿和流浪者；既有具东方色彩的旧城区、随处可见的中世纪破烂不堪的房屋、古老的萨拉丁城堡，又有着崭新面貌的新城区、林立的高楼大厦、宽阔整齐的街道、装潢华丽的大酒店、优雅别致的园林和琳琅满目的商店。人们既可以收听、收看到流行于世界的广播电视，也可以在街头巷尾的咖啡馆内边沏咖啡边听书消遣；人群中既能看到头戴面具的阿拉伯国家的妇女，也可以看到头戴太阳帽、肩挎旅游包、身着超短裙的摩登女郎。荒漠夕照下屹立在眼前的金字塔、成群结队的骆驼以及那条条通向不知何方的弯曲小路，仿佛把你带回到几千年前的法老时代；而遍布街头五光十色的广告牌和招贴画，以及那鳞次栉比的超级市场，又使你感到这里充满着的浓烈的现代商业气息。看到这一切，你定会从心底里道一声：好一座迷人的现代古城。

开罗豪华的米奈宫饭店

即使是在开罗较为现代化的街区，也可见到驴车悠然前行

在开罗交通拥挤的程度令人咋舌：车厢内常常是水泄不通，人无立锥之地，车门外的踏板上也都挤满了人。开罗的公共汽车行驶的速度很慢，从不开关车门，行驶过程中乘客可随意上下车，这恐怕是开罗一绝吧。在开罗，人们还可以看到许多驴车。这里的驴车漆成各种颜色，雕刻着各式花纹，装点得五彩缤纷。从某种意义上讲，毛驴为繁华的开罗市增添了异彩和妙趣。

开罗夜景

虽然开罗交通拥挤，但开罗的地铁却也以优待女性而世界闻名。开罗地铁是从1987年10月开始运营的，一条可以由北向西到开罗大学和吉萨地区，另一条可以由西向东直抵东部老城爱资哈尔大学和萨拉丁城堡地区。开罗地铁的建成使开罗形成地下东西南北交通网。在地铁列车的最前端设有女性专用车厢，确保女性乘车安全。地铁票价便宜，尤其对学生优惠。

在开罗的因巴卜区铁路旁有一个颇具传统特色的骆驼市场，骆驼是唯一能行走5天可以不喝水的牲畜，在公元前6世纪由入侵埃及的波斯人引进后就受到埃及人的青睐。直到现在，每逢星期五伊斯兰教的礼拜日，骆驼市场开市，这时，市场里早已熙熙攘攘，只见身躯高大的骆驼接踵而来，有的竟乘车进入市场。

骆驼市场（左）
开罗的市场（右）

这些骆驼有的来自埃及西部的沙漠地区，但多数来自南部邻国苏丹。市场上的骆驼一般被卖给肉铺。特别是小骆驼肉细嫩而鲜美，当地人喜欢吃骆驼肉，不再把骆驼当做主要的交通工具了。

作为亚非贸易的集散地，开罗是一个货品丰富的富庶城市，这一点在哈利里市场有集中的表现。汗·哈利里市场位于开罗市中心地带（老城区），由分布在几十条小街巷里的几千家个体小店组成，许多店铺可追溯到公元14世纪。市场道路狭窄，石块铺成的地面古旧而洁净，街道两旁挤满了小店铺，主要出售金银首饰、铜盘、石雕、皮货、水烟袋、纸草纸、瓷器及其他埃及传统手工艺品，素以货物齐全著称，已成为开罗古老文化和东方伊斯兰色彩的一个象征。到开罗的人，若能到开罗旧城逛逛至今仍保留着阿拉伯古老传统的商业区，买上一条色彩瑰丽的阿拉伯地毯和几件开罗人自制的工艺品，就更能感受到开罗的阿拉伯韵味了。

埃及出产各种香料，品种繁多，功能各异。一千多年以前，开罗就已经是世界上最大的香料贸易中心了。今天，埃及仍是多种法国香水的原料产地。这些香料在哈利里市场和阿斯旺市场街中都有出售。

# “不到卢克索，就不算到了埃及”

卢克索古称底比斯，在古埃及的中王国和新王国时期，屡为首都。在这里，超越一切神祇崇拜的太阳神阿蒙–拉和他的妻子、儿子共同形成底比斯三神组。古埃及王朝的法老们，为了表达对神的敬意和显示自己的威权，一个个都想在华丽的神庙和坟墓的建造上超过前任，因而使卢克索集中了许多巨大的建筑群，特别是卡尔纳克神庙和卢克索神庙建筑群。古希腊诗人荷马称它为“100座城门的城市”，阿拉伯人称它为“宫殿的城市”。如今，虽然漫漫岁月中的衰落已难觅昔日的辉煌，但它依然放射着古老而生动的光芒，吸引着世界各地的游客。

参观王后谷

在埃及有这样一个说法："不到卢克索，就不算到了埃及。"每年都有几十万游人从世界各地慕名而来。

卢克索古称底比斯，位于开罗以南671公里的尼罗河岸边，是古埃及帝国中王国和新王国（公元前2040～前1085年）的都城，至今已有4000多年的历史。这是埃及中东部一个著名的旅游中心，它静卧在尼罗河东岸，有"上埃及的珍珠"之称，伴随着尼罗河水走过了数千年的风雨历程。

古埃及人把这个地方叫做瓦斯特，象征帝王的统治和权威，后来希腊人把它称为底比斯。据说当年的底比斯人烟稠密、广厦千万间，仅城门就达100座之多，历代法老在这里兴建了无数的神庙、宫殿和陵墓。著名古希腊诗人荷马为这座城市的神庙、城墙和城门的壮丽景象所倾倒，在他的诗里把卢克索誉为"100座城门的城市"，阿拉伯人赞美这座城市的宏伟建筑，称她为"宫殿的城市"。

几千年的岁月流逝，昔日宏伟的殿堂庙宇都变成了残缺不全的废墟，但人们依然能够从中想见它们当年的雄姿，它是古埃及文明高度发展的见证。

新王国时代，底比斯城市横跨尼罗河中游两岸，面积约16万平

尼罗河岸边的崖壁墓

底比斯没有开罗和亚历山大城的喧闹，但在这里买上一件纪念品也不错

方公里，为当时世界最大的城市。拉美西斯二世在位时，又另辟都城，这里开始出现衰势。公元前7世纪，亚述人征服埃及，底比斯自此日趋衰落。到公元前1世纪时竟沦为一处村庄。

底比斯的两座庞大的神庙建筑群——卡尔纳克神庙和卢克索神庙，集中了从公元前20世纪到公元11世纪的许多巨大建筑群。其特色是雄伟、纯朴，用料全是重达数吨、数十吨的花岗岩，包括无数殿堂、浮雕和雕像。在神庙和法老的坟墓中，存有古代一些国家的古文明遗物。许多民族今天在这里常可发现在他们本土上寻找不到的古代文明遗迹。

卢克索没有开罗和亚历山大的喧闹和拥挤，幽静、狭窄的道路上更多的是老式马车，从尼罗河吹来的清风中，传来悠扬的铜铃声和悠缓的马蹄声，使这座古老的城市显得十分宁静。游客都愿意乘坐这样的马车在卢克索神庙和卡尔纳克神庙中旅行。

帝王谷入口处。因为发生过恐怖分子枪杀大量外国游客的惨案，使这里的旅游陷入萧条

在卢克索，除了卡尔纳克、卢克索神庙的遗迹外，能感受到古埃及首都底比斯昔日的辉煌的，就要数帝王谷和王后谷了。

帝王谷位于尼罗河西岸，与卡尔纳克神庙隔尼罗河相望。到帝王谷游览，除了最为著名的陵墓图坦卡蒙墓外，吸引游客的还有西提一世、拉美西斯一世、拉美西斯二世、图特摩斯一世、图特摩斯三世等著名法

位于卢克索尼罗河西岸的哈谢普苏特神庙。整个建筑分三层推进，每一层都以29个方正石柱横向排开，中间以坡道上下连接

老们的陵墓。

王后谷与帝王谷齐名，埋葬着同期的王后和一些夭折的王子，它在帝王谷南约5公里的地方，与帝王谷遥遥相对。王后谷与帝王谷相比规模要小得多，它引起游客的关注要归功于拉美西斯二世的爱妃娜法塔莉。拉美西斯二世一生风流倜傥，他有100多位妻子，其中娜法塔莉是最受拉美西斯二世宠爱的。“娜法塔莉”名字本身的意思就是“最漂亮的女人”。但拉美西斯二世觉得这不足以表达对她的爱慕，又封了她许多头衔，如“天地女神”、“倾国夫人”等。连拉美西斯二世在卢克索神庙前修建给太阳神阿蒙的方尖碑上，也不忘篆刻上这样的文字：为了娜法塔莉的爱，太阳从东方升起。拉美西斯二世为娜法塔莉修建的庙宇前的精美雕像，历经3000多年岁月，至今仍然光艳动人。

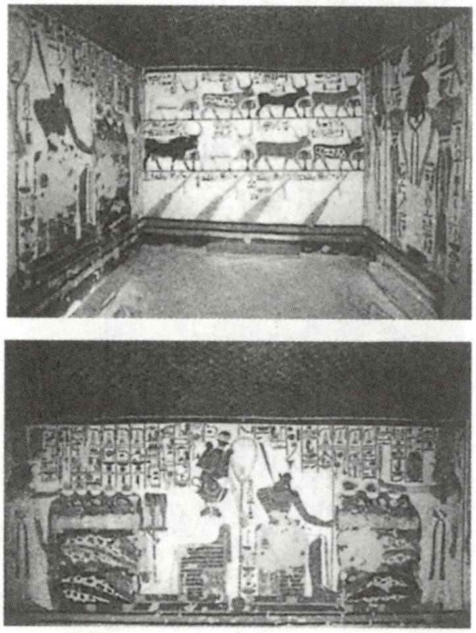

王后谷的娜法塔莉王后墓室

拉美西斯二世为妻子娜法塔莉修建的神庙

娜法塔莉陵墓是意大利考古学家发现的,发现时因为地下水的侵蚀,墓室中的精美画像被严重破坏了,经过法国和埃及专家的共同努力,现在墓室得到了一定程度的修复，一些精美的壁画又焕发了新的生命。

在卢克索尼罗河西岸和帝王谷之间的原野上，有两座巨像耸立在公路旁，无论是参观帝王谷，还是其他神庙，都要经过这两座雕像。这就是门农像。巨像高20米，风化严重，面部已不可辨识。人们认为石像是希腊神话中的门农的雕像，就给石像取名为门农像。罗马统治时期的地震使雕像出现了裂缝。每当起风的时候，门农像就像在唱歌一样，十分神奇。后来经过修补之后的门农像，就再也没有唱过歌。

两尊的门农巨像

# 阿斯旺大坝与纳赛尔的梦想

阿斯旺自古以来就是埃及的南大门。它宁静的环境、独特的古迹、绮丽的热带风光、干燥适宜的气候，以及阿斯旺境内的菲莱等几个极富魅力的小岛，都使阿斯旺以避寒、访古、旅游胜地而闻名。此外，这里还因为有阿斯旺大坝名扬世界。控制尼罗河水是古埃及文明中的一个重要因素，这既是一代代埃及统治者的夙愿，也是一批批外来征服者的企求，阿斯旺大坝则是这一切的代表和结晶。尽管对这项工程的功过是非难以定论，甚至埃及有学者说："建造阿斯旺大坝的埃及总统纳赛尔是位伟人，但是拆除阿斯旺大坝的人，要比纳赛尔更伟大。"但它毕竟已作为一项伟大的工程耀眼地横跨在尼罗河上，永远地记载于埃及的历史中。

埃及总统纳赛尔

阿斯旺位于尼罗河第一大瀑布下游的东岸，距离首都开罗900公里，是埃及南大门，也是尼罗河进入埃及国土后第一个流经的城市。

阿斯旺古称阿莱方庭，历史上阿斯旺城曾经繁华一时，自法老时代起，阿斯旺就是南方的贸易中心和通往非洲内部的门户。由于它的重要战略位置，古法老时代、托勒密时代、罗马时代以至后来的伊斯兰时代，都在这里囤兵、筑堡，用尼罗河的乳汁哺育光耀千秋的人类文明。

在希腊语中，阿斯旺是“大象”的意思，可能因为古代这里是北非象牙贸易的集市。在科普特语里，阿斯旺的意思是市场，那是说过去这里有兴盛、发达的商业。在阿拉伯语里，阿斯旺是“开朗”的意思，那是由于它地处埃及尼罗河第一急滩附近的狭隘地方，从这里向北向南两边逐渐开朗。

阿斯旺日照充足，常年少雨，是埃及最炎热的地方。夏天气温高达40～50摄氏度，强烈、灼热的阳光令人难以忍受。而每年的11月至次年的3月“冬季”时节，气温降至30摄氏度上下。高大的棕榈树和各种非洲热带植物枝繁叶茂、郁郁葱葱。此时，欧洲和世界

阿斯旺地区

许多地方正值严冬，这里宁静的环境、独特的古迹、绮丽的热带风光、干燥适宜的气候，吸引着埃及国内外大批旅游者前来观光、度假和疗养，成为避寒胜地。在这黄金旅游季节，阿斯旺一反夏天的沉闷，呈现出一派人群如织、生机盎然的景象。

阿斯旺固然因为是避寒胜地而闻名，而且市内的下城遗址和博物馆、植物园等名胜也是游人的好去处，但阿斯旺却更因阿斯旺高坝而名扬世界。

阿斯旺大坝修建在阿斯旺以南13公里的尼罗河上，为世界七大水坝之一。它横截尼罗河水，高峡出平湖，登上耸立在河岸的高坝纪念塔，环形的拱桥式大坝，像横跨尼罗河上的长虹灿然入目。

阿斯旺大坝

控制尼罗河水早在古埃及文明中就是一个重要因素。这既是一代代埃及统治者的夙愿，也是一批批外来征服者的企求。1902年，英国人统治埃及时，就曾在瀑布顶上修建了第一个阿斯旺大坝，形成一个长达225公里的储水池，库容大约30亿立方米，那时，它被认为是一项伟大的工程。随着英国占领的结束和1952年陆军上校纳赛尔的革命政府接管埃及，新的政权将其抱负集中在尼罗河高坝的

苏埃合作纪念碑

修建上。但纳赛尔计划修建大规模的阿斯旺大坝，遭到西方主要国家的反对。英国和美国原来答应提供2.7亿美元作为建造阿斯旺大坝第一期工程费用的计划相继取消。纳赛尔随即宣布苏伊士运河国有化，并宣布埃及人民自己建设阿斯旺高坝的决心。于是，纳赛尔争取到了苏联政府的支持。从1960年开工，到1970年建成，3万名工人劳动10年，耗资15亿美元，建成了阿斯旺大坝——世界第七大水坝。坝高111米，宽980米，坝长3830米，土石填方4300万立方米，相当于大金字塔用的石料的17倍，也就是说在水中造了17座金字塔。

阿斯旺大坝好像一条巨龙把奔腾的尼罗河拦腰截断，弧形的大坝上建成了四车道的公路，绿色的林带使得大坝生机盎然，大坝截流形成的纳赛尔水库，水面开阔，库水湛蓝，被称为纳赛尔湖的大水库向上延伸800公里深入到苏丹，在沙漠中形成了一道生命的风景线。

阿斯旺大坝的建造是埃及现代最宏伟的工程之一，从水坝开始发挥作用起，已有40万公顷沙漠化作了尼罗河谷的良田，另有100万公顷土地由于可以终年获得河水的滋润而从一年一熟转为一年两熟甚至三熟，埃及的农业产值因此翻了一番。大坝电站总装机容量210万千瓦，年发电量100亿千瓦时，占埃及用电总量的70%，4000个村庄从此被点亮。

纳赛尔湖上新的一天悄悄开始了

阿斯旺大坝是一座具有灌溉、发电、防洪、航运、旅游、水产等多种效益的大型综合性枢纽工程，它所发挥的效益是显著的，除了灌溉、发电外，在航运方面，仅埃及段的货运量即增至200万吨。在防洪方面，不仅在1964年发生创历史记录的最大洪水时埃及免遭洪水之灾，而且对此后的1975、1988、1998、1999年等尼罗河大洪水都得以有效控制。在抗旱方面，如果没有阿斯旺大坝的蓄水，不仅难以抗御1972年大旱，更无法抗御1979～1987年非洲的连续干旱和饥荒。在此期间，当非洲各国饥饿难熬时，埃及都安然度过了。

阿斯旺大坝的修建也使埃及付出了代价，不得不应对带来的负面影响。主要有：第一，阿斯旺大坝控制了洪水泛滥，肥沃的淤泥再也不能滋养沿岸和三角洲的土地，农民们不得不购买昂贵的化肥种田，而化肥又带来了新的环境问题；第二，对水库内泥沙的淤积估计不足；第三，灌溉面积的扩大导致尼罗河两岸出现了土壤盐碱化；第四，库区及水库下游的尼罗河水水质恶化，以河水为生活水源的居民的健康受到危害，血吸虫病的发病率上升；第五，河水性质的改变使水生植物及藻类到处蔓延，不仅蒸发掉大量河水，还堵塞河道灌渠等；第六，尼罗河下游的河床遭受严重侵蚀，尼罗河出海口处海岸线内退等。阿斯旺大坝修建带来的负面效应引起了人们激烈的争论，甚至埃及有学者说：“建造阿斯旺大坝的埃及总统纳赛尔是位伟人，但是拆除阿斯旺大坝的人，要比纳赛尔更伟大。”无论怎样，孰是孰非，孰功孰过，时间和现实将给出最好的答案。

如今阿斯旺还以旅游业发达而闻名于世，除了阿斯旺大坝，还因为阿斯旺境内的几个著名小岛，如象岛、植物岛、菲莱岛等，其中最有名的当属菲莱岛。

菲莱岛位于阿斯旺南面尼罗河中，在埃及灿若繁星的古迹中极富魅力。多少世纪以来，它一直被称为是“埃及的明珠”。它曾是早期欧洲旅行家向往的地方，而这一切都要归功于菲莱神庙。菲莱神庙是为了祭祀埃及最著名的女神伊西斯而修建的，又称“伊西斯神庙”。在埃及神话中，伊西斯是生命与健康之神，冥王奥西里斯之妻。她美丽、善良、聪慧，是光明和正义的化身，在埃及人心目中的地位，就如雅典娜之于希腊人。1902年，修建阿斯旺低坝的时候，因为菲莱岛处于库区中，每到尼罗河水位上涨的时候，神庙

菲莱神庙

水中的菲莱神庙

就被泡在水中。埃及政府1959年向国际社会发出呼吁，要求国际社会帮助拯救埃及菲莱神庙。此后来自20多个国家和地区的考古专家经过细密的研究，最终决定对菲莱神庙进行切割搬迁。切割搬迁工程开始于1972年，同时在阿吉尔基亚岛上炸掉50万立方米的岩石，使这个岛的形状与菲莱岛完全一样。1977年5月，工程队将切割好的4.5万多块石头运往阿吉尔基亚岛开始重新安装。工程师采用特殊的技术，可以分毫不差地恢复建筑物原貌。1980年，迁移后的菲莱神庙重新开放，使这座埃及人心目中不能割舍的神庙重新焕发了生机。这一古代的建筑奇观，就这样在现代科技之下，完成另一次壮举。

搬迁、挽救阿布·辛拜勒神庙

距离阿斯旺市区仅2公里的地方，有一个古埃及的采石场遗址。采石场沿尼罗河而建，约有6公里长。进入采石场，就像进了花岗岩的世界。阿斯旺地区的石质好，颜色多为有小黑点的玛瑙红，石体光滑润泽，即使是现在也是很奢侈的建筑材料。在采石场遗址上，可以看到岩壁上有切割出的沟槽。采石场遗址中还有一个著名的景点——未完成的方尖碑。这个巨大的方尖碑横卧在采石场中，长41米，重达1267吨，原本是为女王哈谢普苏特修建的。如果将这个方尖碑竖起，它将是全埃及最大的方尖碑。景点设立了梯子，游人可以登上方尖碑体去观赏。

# 埃及"夏都"——亚历山大

历经地震与战火蹂躏的"地中海新娘"——亚历山大，已难觅昔日的风采，然而，它却设法在长久的历史磨难中使自己经受住了时间的考验，依然在今日以埃及"夏都"的风韵屹立在地中海旁。身临亚历山大城，东港的海上旅游，西港的蒙塔扎宫及密林、花园，"灯塔"旧址上的航海博物馆，象征不屈精神的萨瓦里石柱，以及富有地中海风情的咖啡馆生活、美味海鲜，不仅可以让你品评出古文化的余辉韵味，还可以让你在这座仿欧的海滨城市享受一下现代人的生活。

亚历山大城曾作为世界文化交流的中心，在世界历史上尽显风光。公元641年，阿拉伯人攻陷亚历山大时曾感叹说，亚历山大是“一座具有4000座宫殿，4000所浴室，1200座花园，400多个剧院和马戏场的城市。”亚历山大是古希腊文化、古罗马文化和伊斯兰文化的聚集地，市内阿拉伯、希腊和罗马式的建筑比肩而立，建于不同时代的清真寺随处可见。然而，历次地震与战火，不仅使亚历山大城深埋于地下，而且著名的许多“世界之最”或被战火毁烧，或在地震中坍塌，给世界历史留下了永远的遗憾。

现代的亚历山大从19世纪初穆罕默德·阿里统治时期才真正开始。

亚历山大位于尼罗河三角洲西部，临地中海，是埃及和非洲第二大城市，也是埃及和东地中海最大港口。面积100平方公里，人口305万，它很久以来就是一个躲避被陆地包围的开罗的灼热夏季的避暑胜地、观光点。

亚历山大风景优美，气候宜人，是埃及的“夏都”，被誉为“地中海新娘”。穆罕默德·阿里时期，他向这里引进了棉花，修筑了迈赫穆迪亚运河。这条运河不仅使亚历山大面向地中海，与内地连接起来，而且面向欧洲。在棉花贸易中创造广大财富的同时，欧洲人源源不断地进入，也因此使亚历山大变成为一个仿欧洲的城市。

亚历山大是埃及最大的商港，分为东、西两港，呈“工”字形。东港水较浅，主要是渔港和海上旅游区，近年来发现海底有建筑物，疑为沉陷的古法老时期港口或埃及艳后的宫殿。西港为深水良港，全国80%～90%的进出口物资经西港吞吐。

公元前3世纪托勒密时期修的那条连接大陆与法罗斯岛的堤道，已逐渐成为一条永久的宽阔陆道。沿着这条堤道向南经法兰西小街

东港和卡伊土贝伊要塞

骑在马背上的穆罕默德·阿里雕像

便进入解放广场。骑在马背上的穆罕默德·阿里雕像依然是广场的荣耀。

西港北面，即法罗斯岛南端坐落着闻名的蒙塔扎宫，占地155.4公顷，密林环绕，是一个花园。这对现今少见绿色空间的亚历山大来说，该是一处游乐地了。1952年前这里一直是皇室家族独具特色的消夏避暑地，现在海滨向游人和垂钓者开放。园内有法鲁克国王行宫，现为埃及国宾馆，是王室避暑地。王宫不对公众开放，看其外观一定要注意频频出现的主题字母F，据说字母F将给他的家庭带来好运。法罗斯岛上曾有一座世界闻名的建筑，即世界七大奇迹之一的亚历山大灯塔。灯塔经数次地震已完全毁坏。1480年在旧址上修筑的城堡，已作为埃及航海博物馆，它与开罗萨拉丁古城堡并称为埃及两大中世纪古城堡。

亚历山大的城徽是一根大石柱，这根石柱名叫"萨瓦里石柱"，在亚历山大城西南的一座石山上，石柱直插云际，让人为之心惊。几百年来，围绕萨瓦里石柱流传着不少趣闻逸事。传说公元641年，阿拉伯人占领亚历山大城，他们远远望见这根石柱耸立于由400根石柱构成的柱廊中央，状如帆船桅杆，于是高呼“萨瓦里”，在阿拉伯语中“萨瓦里”就是“桅杆”，萨瓦里石柱由此得名。还有传说因为萨瓦里石柱的柱顶呈穹形，十字军入侵埃及时，就以为这是庞培的骨灰盒。庞培是古罗马著名统帅，在与恺撒的斗争中失败逃往埃及，在埃及被杀，庞培死后，他的部下把他的骨灰存入萨瓦里石柱柱顶的骨灰罐中，故欧洲人称萨瓦里石柱为庞培柱。拿破仑入侵埃及，在攻打亚历山大的时候，曾登上萨瓦里石柱观察城内的情况，他本人也十分喜欢这根石柱，想把它运回巴黎，但随着法军的失败，他的野心也泡汤了。2000多年来，亚历山大城经历了沧海桑田的变化，许多著名的古迹都消失了，但萨瓦里石柱至今巍然屹立，象征着不屈的精神，它作为亚历山大的城徽是再合适不过了。

亚历山大庞培柱

新建的亚历山大图书馆

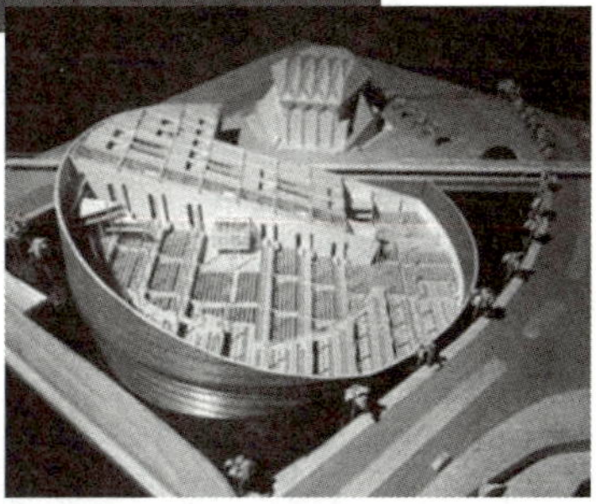

庞培之柱南边不远是瓦片山地下墓穴。瓦片山上有埃及罗马时期最大的墓群。

亚历山大是一座地中海城市，至今仍然过着一种地中海咖啡馆生活。临海而立的亚历山大，因美味海鲜而享有盛誉。入夜，闹市区人声鼎沸，川流不息的车辆、装束时髦的男女，会使游人明显感到亚历山大比开罗更具现代气息。亚历山大的文化教育事业比较发达，上层人士和知识分子通用英语，喜爱交际。建于1942年的亚历山大大学有10个学院。亚历山大同我国上海是友好城市。

1974年，埃及亚历山大大学的几位教授提出了重建亚历山大图书馆的创意。90年代，在联合国教科文组织的帮助下，埃及政府实施了这一计划。重建的亚历山大图书馆采用了世界先进的科学技术，具备各种先进功能，以世界一流的水平，使古老的亚历山大图书馆以崭新的姿态出现在世人面前。

# “月亮之地”——西奈半岛

埃及的西奈半岛，与尼罗河隔苏伊士湾和阿拉伯沙漠，无论古埃及帝国或现代埃及，西奈半岛既与尼罗河命运相连，又是一块特别的地域。它衔接着非洲和亚洲两个大陆，占据着欧洲、非洲通往阿拉伯半岛和波斯湾的咽喉，战略地位异常重要，地理环境也非常优美。它三面环水，南部的山地色彩迷人；中部的提赫高地幽静深远；北部的沙漠滚动向海岸延伸。在山峦、沙漠、海岸线的绵延之中，不乏隐蔽的房屋、散落的寺院、喧闹而自如的胜景。可惜它不仅历史上承受过被频繁征服的沧桑，进入21世纪之后，偶发的自杀式恐怖袭击事件更打破了它的宁静。

西奈山深处的圣凯瑟琳修道院

西奈半岛是亚洲和非洲接壤的一个三角形半岛，位于苏伊士运河以东，亚洲和非洲之间，西濒苏伊士湾，东接亚喀巴湾，北面是地中海，南面是红海，东北部与巴勒斯坦和以色列接壤。红海与地中海恰似两条臂膀将西奈半岛夹抱在一起，形成一道独特的自然景观。有书把它描绘成“在两个大陆之间谨慎但顽强地保持平衡的一颗沙漠小珍珠”。

西奈半岛长400公里，宽240公里，面积6.1万平方公里，其中有2.5万平方公里的沙漠。西奈半岛有着十分重要的地理位置，它衔接着非洲和亚洲，占据着欧洲、非洲通往阿拉伯半岛和波斯湾的咽喉，也是一道将阿拉伯世界一分为二的屏障。

西奈半岛整个地貌属高原地形，由南向北倾斜。南部是山地，山势险峻，山峦重叠，埃及第一峰卡特里得山（海拔2637米）和西奈山（海拔2280米）都屹立在这里。西奈山很古老，它们的纹理、色

从西奈山看到的美丽景色

西奈沙丘延伸中的赶骆驼的跋涉者——贝都因人

彩、形状、植被多样而迷人，特别是一大早或傍晚，登高远望，它们的轮廓看得很清楚。中部是沙石覆盖的提赫高原。“提赫”一词，在阿拉伯文化中的意思是“荒野”，传说古犹太人曾在这地形复杂的荒僻之地迷失，徘徊达40年。再北就向海岸平原的滚动沙丘延伸。它现在是背包旅行者、赶骆驼的跋涉者及热衷照相的游客们追逐的目标。

西奈半岛上的地名多与宗教传说有关，西奈山附近更是如此。点缀在大漠深处和崇山腹地中的水井、泉眼等，无不以一些宗教人物的名字命名，连西奈山下一块不太宽的开阔地也被称做“安息谷”。从尼罗河畔喧嚣的都市来到静谧的“安息谷”，仿佛到了“桃源仙境”。望着碧蓝如洗的天空，呼吸着未经污染的空气，人的心灵也得到了洗涤。

传说中的西奈半岛还是一块“月亮之地”。有人认为“西奈”之名是从古巴比伦亚述人尊奉的月亮神一词演变而来的。不知是终年天气晴朗还是地势较高的缘故，人们在“安息谷”中看到的月亮，真

探索西奈的峡谷

的是通体皎洁，天空中的星斗也似乎伸手可摘。西奈山上有一个小山洞，传说是上帝耶和华把摩西置于其中、受诫给他的地方。公元前1656年，犹太人始祖亚伯拉罕的孙子雅各率12个儿子及全家70人逃荒来到埃及，在尼罗河三角洲以东的戈申定居，最终他们的子孙沦为奴隶被强迫劳动。在遭受400年奴役后，为躲避法老的迫害，犹太人在摩西的率领下逃离埃及。据《圣经》记载，他们曾在沙漠中颠沛流离了40年，经历了千辛万苦来到西奈山下。一天，80岁高龄的摩西独自上山，忽听一声巨响，耶和华降临，摩西迎上去，接受了耶和华为犹太人制定的十条诫命，从而为犹太人的独立奠定了基础。西奈山也因此被称为摩西山。尽管传说不等于史实，但今天仍有很多散居世界各地的犹太人不远万里来西奈山朝圣。

西奈半岛最著名的旅游景点是沙姆沙伊赫，它就在岛的最南部。与开罗的杂乱灰土相比，沙姆沙伊赫似乎是世外桃源，这里是埃及有钱人的地盘。即使夜里12点，市中心酒吧依然灯火通明，游船的桅杆排列在港口，一派热闹景象。沙姆沙伊赫以潜泳和观赏红海海底世界而闻名，这里的海滩坡度小，沙质软，微风细浪，游泳时轻松自如。最值得骄傲的是，这里几乎没有污染的红海珊瑚礁海域。走近海边，可以看到五颜六色的鱼儿就在脚边游弋，不由兴奋地大喊大叫，那鱼儿竟一点也没被吓走，看来早就习惯了与人共舞。

在西奈东海岸的亚喀巴湾潜水

因为沙姆沙伊赫地处巴勒斯坦及以色列附近，安全便成为这个旅游城市的头等大事。高星级酒店的入口都装有安检门，每一个客人进去时都要像进机场一样接受检查，而且非入住客人不得入内。严格的安保换来的是安全，这里曾经一直是世界各地特别是欧洲游客最喜欢的地方。英国首相布莱尔携家带口私人度假就选择在这里，埃及总统穆巴拉克常在这里会见来访的外国元首和政府首脑。更为重要的是，这里也是促进中东和平的重要驿站，无论是巴以和谈、中东问题多边首脑会议，还是2004年底由20多个国家以及国际和地区组织代表参加的伊拉克问题国际会议都在此举行。为此，联合国教科文组织曾将“和平之城”奖颁发给这个小城。然而2005年7月23日沙姆沙伊赫遭受严重恐怖袭击，贾扎拉花园饭店被炸得通地瓦砾，造成重大人员伤亡，从而使“和平之城”蒙上一层恐怖的阴影。

今天的西奈半岛交通便利，供电网、通信网遍布城乡，大量商业、教育、医疗设施日渐完善，一批石油、采矿企业相继投产，得天独厚的渔业、旅游业为西奈半岛增添了许多活力，西奈半岛正逐渐成为埃及的财富之源。

# 风云苏伊士运河

苏伊士运河北通地中海，南通红海，是连接大西洋、印度洋和太平洋的世界上最重要的交通航线。为修建这样一条运河，古埃及的法老们实施过，外来的征服者设想过，而真正将它付诸实施的是急不可耐的法国人，英国人也觊觎已久。他们都想借以掌握这条运河，扼住别人的咽喉，为称雄世界创造条件。他们各施手段，明争暗斗，最终由法国人主持于1869年建成开通，而后又被英国人控制。这条由成千上万的埃及人用血汗贯通的运河，在埃及境内却由外国人管理的局面持续了近百年。直到1956年，埃及总统纳赛尔下令收回才永远归埃及人民。苏伊士运河沿途经过塞得港、伊斯梅利亚和苏伊士城等三个城市，兼有东方与欧式风貌，是充盈着现代化气息的美丽港口。

1869年苏伊士运河通航后，战舰可从容驶过

苏伊士运河位于埃及境内，北通地中海，南通红海，是连接大西洋、印度洋和太平洋的重要航线，每天有成亿吨的货物在这里通行，所以被称为“国际航道”。可以说，苏伊士运河是世界上最为重要的水路交通干线。

古代埃及时期的苏伊士运河

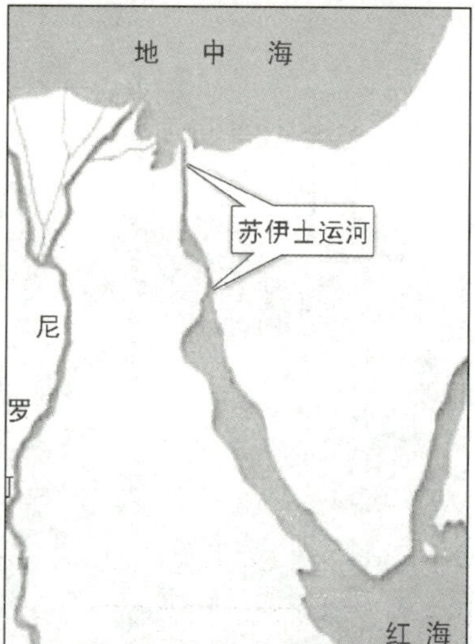


苏伊士运河位置示意图

修建一条连接地中海和红海的运河的想法是古老的。早在4000年前古埃及中王国时期（公元前20世纪初）的法老索斯特立斯的时候，就已经开凿了一条运河，运河的路线与今天不尽相同，规模也很小，人们称这条运河为“法老运河”。在阿拉伯征服埃及之前，那条古老的运河也早已被泥沙堵塞了。7 世纪上半期阿拉伯人入侵埃及后，为了把埃及的谷物运往麦加，曾挖浚疏通了那条被尼罗河泥沙掩埋的运河。到了 8 世纪，出于军事上的考虑，又把运河堵塞。这样，这条运河从此被废弃了千余年。16世纪上半期，在穆罕默德 · 阿里统治埃及时，不少欧洲人劝说他下令开凿这条运河，但阿里担心这么重要的地理位置会成为欧洲列强互相争夺的地方，那样的话，埃及人不仅得不到好处，反而会引火烧身，所以坚持不同意欧洲人的劝说。法国为了加强在中东的势力，并称霸印度洋，因而对开凿运河特别感兴趣。他们深知，掌握了这条运河，就等于扼住了别人的咽喉，对争雄世界大有好处。因此，他们一再鼓动埃及统治者下决心开凿。

1854年11月，法国人勒塞普受命来到埃及，他找到开罗总督府总督赛义德，送上许多贿赂，用尽办法终于使赛义德同意开凿苏伊士运河。修建和使用苏伊士运河的特权，当然归法国所有。随即，双方签订了《关于修建和使用苏伊士运河的租让合同》，租让期99年。运河工程于1859年4月破土动工，数十万埃及民工开始在浩瀚的沙漠中进行一项震惊世界的伟大工程。公司以极低的工资雇用民工，强迫他们冒酷暑、忍寒冻，受饥挨饿，整日劳作。据统计，在运河开凿过程中，共死去劳工12万人。因此，可以说苏伊士运河是埃及成千上万劳工用血汗贯通的。

现代苏伊士运河

在开凿运河过程中，因为沙漠中缺少水源，饮水成了问题。于是，在开凿运河的同时，凿了一条引水渠引入淡水。这条淡水渠与运河并行，运河开到哪里，它就跟到哪里。所以，实际上是开凿了两条河流，与此相应工程量就增加了一倍，整个工程的难度也是相当大的。经过10年的艰苦劳动，1869年11月，苏伊士运河正式通航。它全长170多公里，北起地中海的塞得港，南到红海的苏伊士城，平均宽度约100米，深9米，后来经过多次疏浚，现在河面宽度为160～200米，平均深度约15米，可通行8万吨巨轮。

苏伊士运河极其重要的地位，使英国殖民统治者早已垂涎三尺。早在运河计划开凿时，英国就曾百般阻挠法国人开凿计划，运河通行后，英国又千方百计插手运河管理权，但都未获成功。1874年11月，英国人乘埃及政府因开凿运河耗费而债台高筑，发生严重的财政危机之机，廉价购买了埃及对苏伊士运河公司的44%的股权。之后，英国又不断购进其他零星股票，最终苏伊士运河成为英、法两国的私有财产。接着，英国凭借它强大的实力，于1882年武装占领埃及，完全控制了苏伊士运河。

苏伊士运河通航后，引起欧洲各国的注目，1888年10月，英国、德国、奥匈帝国、西班牙、法国、意大利、荷兰、俄国、土耳

巨轮通过苏伊士运河的情景

其等国代表，在君士坦丁堡（伊斯坦布尔）开会，共同签订了《君士坦丁堡公约》，其核心内容是：苏伊士运河在战争时期应该同在和平时期一样，对世界各国的商船或军舰一律自由开放，不得封锁。禁止任何国家在运河水域打仗。但实际上，英国并未遵守条约的有关条款，英国依然是根据自己的利益来决定战争期间谁能通过、谁不能通过运河的。

第二次世界大战期间，苏伊士运河上曾发生过一段有趣的故事。盟国和德国法西斯在北非作战时，隆美尔为德国驻北非远征军司令，发动对埃及的进攻，准备夺取苏伊士运河，切断英军依赖运河实施的作战保障。英国自然要千方百计保护苏伊士运河，最后竟然想到"将苏伊士运河隐藏起来"的方法。当时选定了英国最著名的魔术师贾斯帕·马斯克林。马斯克林从军前，就以令人眼花缭乱、变幻莫测的魔术技法在欧洲声名远播。为了将南北长达175公里的苏伊士运河藏起来，马斯克林想到了自己经常在舞台上利用突然喷雾和火

塞得港战争博物馆的参观者

焰来遮掩物体，或是调换物体，于是他决定使用障眼法，也就是利用足够的探照灯形成强烈的灯光屏障，蒙蔽常常在夜间靠近苏伊士运河进行投弹的德军飞行员。马斯克林把24个锡片反射器焊接安装在探照灯透镜四周的弧形钢带上。这样一来，每个探照灯便被改装成24条单独的光束，从而形成24条强光束带。这种经过改造而成的光带亮度极强，它可以向空中射出9英里。在接下来的几个星期，几十个经过改装的探照灯几乎覆盖了整个苏伊士运河。前来攻击的德国人惊呼："偌大的运河已经完全被英军'隐藏'了。"

苏伊士运河虽在埃及境内，但为外国人所管理，这种局面持续了近百年。1956年，埃及总统纳赛尔下令收回运河主权，苏伊士运河才永远归属埃及人民所有。英国不甘心丧失在苏伊士运河上的利益，勾结法国和以色列入侵埃及，在当时美国和苏联的干涉下，英国的阴谋最终没有得逞。1967年，以色列袭击埃及并抢占西奈半岛一直到运河边上，在随后的争夺战中，以色列对运河进行了毁灭性的轰炸，运河沿岸城市受到了重创，约50万城市居民无家可归，直到1973年埃及反击战取得胜利，其间运河停运了6年。

塞得港的滨海地区

苏伊士运河沿途经过三个城市：塞得港、伊斯梅利亚和苏伊士城。塞得港市位于一块伸进地中海的人工填海地，苏伊士运河既是亚欧大陆的分界线，也把塞得港市分为两部分：运河以西

在海港边上钓鱼

是塞得港，属于非洲大陆；运河东边是福阿德港，属于亚洲大陆。两岸居民往来的交通工具主要是运河上的渡轮。塞得港的运输和金融业相当发达，商业也十分繁荣。因为大多数乘海轮来埃及的游客在此下船，塞得港变成了埃及的“香港”。伊斯梅利亚位于苏伊士运河中段西岸塞得港和苏伊士市之间，因地处尼罗河三角洲，故土地肥沃，水源丰富，由开罗引来的淡水经市区南北流向苏伊士市和塞得港。市区景色秀丽，树木葱葱，花园和欧式别墅比比皆是，故有“运河新嫁娘”之称。由伊斯梅利亚沿运河南下，就到了苏伊士城。苏伊士城为埃及第三大港口城市和全国石油化工与化学工业中心。在1973年“十月战争”期间，苏伊士城是埃及和以色列交火的前沿，英勇的埃及人民在最艰难的时刻与城共存亡，在以军围城的100天里，不屈不挠，谱写了壮丽的诗篇。今天，呈现在世人面前的苏伊士城是一座美丽的城市，新的街面、新的大厦、新的清真寺，被现代化的气息充盈着。从苏伊士城渡过运河北行几公里，有一块沙丘高地。高地上有人工堆砌的坑道和地下炮台等，这就是“巴列夫防线”的阵地和指挥所。站在高地回望西方，苏伊士湾尽收眼底。以军占领西奈半岛和“十月战争”期间，曾在这里用远程大炮控制苏伊士运河入口，封锁运河。现在这里已经辟为“巴列夫防线”遗址，向游人开放。

# 第六章
# 埃及人——一个虔诚的民族

90%的埃及人信仰伊斯兰教，埃及是恪守伊斯兰教文化传统的典型的阿拉伯国家，是阿拉伯伊斯兰文化的执行者。对埃及人来说，宗教不仅是信仰，也是日常生活。中小学专设有宗教教育的课程，日常起居的信仰告白，饮食的喜乐，生活方式的礼数与习俗，既可以从尼罗河创造的古代埃及文明中找到踪迹，又有因长期被外国占领而具有兼容并包的多元性。

# “主无处不在”

埃及人三句话不离真主，“看在真主的分上”、“感谢真主”等，就像普通人说“再见”一样。人们习惯于尊崇伊斯兰教的固有成分“服从”，心甘情愿地接受伊斯兰教的“公正指导”。埃及又是一个宗教政策兼容并包的国度，如基督教的信奉者科普特人甚至犹太人，均享有宗教信仰的自由与平等的生活空间，从一年一度的圣诞节的欢庆气氛与科普特人所取得的成就即可见一斑。

在开罗侯赛因清真寺进行的星期五祈祷

从宗教方面来看埃及历史，大致可分为三个阶段：多神教的古文明时代、基督教（科普特教时代）以及从7世纪开始直至今日的伊斯兰教时代。

现在，埃及90%的国民是逊尼派（正统派）的伊斯兰教教徒，伊斯兰教对于现代埃及文化有着很大的影响。

埃及是恪守伊斯兰教文化传统的典型的阿拉伯国家。埃及人在日常生活中自觉遵守五功：一是信仰告白，只要一有机会就要高唱伊斯兰信仰的核心部分："安拉以外别无他神，穆罕默德是安拉的使者。"二是礼拜，日出前、中午、下午、日落后、夜间共5次虔诚地礼拜。三是斋月断食，伊斯兰教的第九个月是斋月，这个月中，白天不吃东西。四是施舍，富人将自己收入的一部分施舍给穷人。五是朝圣。

每年从10月15日开始，埃及人进入斋月。这一段时间里，日出至日落不吃不喝，静心把斋，以此表示虔诚和对安拉的敬畏与顺从。日落后开始进食，而且每每比平时吃得好、吃得多。因此，每到斋月来临时，埃及政府就会准备丰富的物资，以充分满足人民的物质生活需求。斋月期间，奶油的消费要比往常的月份多200%，肉类也要增长50%。

每星期五的"主麻日聚礼"，当清真寺内传出悠扬的唤礼声，伊斯兰教徒便纷纷涌向附近的清真寺，做集体礼拜。为数众多的教徒虔诚地信守每日5次礼拜的教规，每逢宗教节日，电视还播放总统及政府首脑去清真寺礼拜的镜头。

伊斯兰教的第十二个月的8、9、10日三天是朝拜伊斯兰的第一圣地麦加的日子，并且举行一定的仪式。过去，朝圣者坐船渡过红海，而后从西奈半岛穿越阿拉伯半岛。现在乘飞机去麦加的人也多

苏伊士运河边前往麦加朝圣的香客

了起来。经济上有余力的伊斯兰教徒一生只要朝圣过一次就可以了。虽说如此，但朝圣是伊斯兰教徒的梦想，因此在埃及，许多人在工厂和公司辛勤工作，为的就是多次去麦加朝圣。朝圣者出发之时，家人亲友们众人欢送，祝他能平安归来。朝圣者则在麦加买一些念珠和做礼拜用的器具作为礼物送给家人、邻居和朋友们。

在埃及，子女们出生时一般随父母的宗教信仰。中小学校开设宗教教育的课程（伊斯兰教徒和基督教徒分别授课），身份证上也有宗教这一栏。对于他们而言，宗教不仅是信仰，而且与日常生活、习俗等社会活动紧密联系在一起。离开了宗教，他们的一生就无从谈起。

人们忠实于伊斯兰教的教义，服从真主，服从命运或服从《古兰经》所框定的社会制度。也许是出于对宗教的虔诚信仰，埃及人相信只有公开压服才能防止人们跨越道德的界限。因而，在埃及，警察数量之多超过了政治上的迫切需要。人们相信高压政治和武力限制是必要的，宗教态度自然是对这种信仰的强化。普遍的看法是，如果没有伊斯兰教的公正指导，社会就可能解体。

埃及人三句话不离真主。埃及穆斯林对真主的信仰是发自内心、自觉自愿的，它已形成一种根深蒂固的世界观与人生观，挂在人们的嘴边上，融化在血液里，落实在行动上。当然，这种信仰表现在每个人身上程度不一，一般说，文化低的比文化高的人更信仰，年长者比年轻人更虔诚。电台、电视台和清真寺每天不厌其烦地呼唤“真主至大”，甚至半夜也不休息。日常口语中，埃及人使用频率最高的话语大多带有“真主”一词，如：“以真主的名义”、“看在真主的分上”、“如果真主愿意的话”、“感谢真主”等。

伊斯兰教为埃及国教，其教规是共和国立法的主要根据，但它又推行着兼容并包的宗教政策。穆巴拉克总统多次发表讲话强调，埃及穆斯林和科普特人甚至犹太人均为享受平等权利的公民，享有宗教信仰自由，在社会地位和就业方面并无区别。政府在处理穆斯林、科普特人或犹太人问题时不会采取歧视政策。

在埃及的5700万人口中，除穆斯林外，有大约900万科普特人，即古埃及人后裔，在阿拉伯人于公元640年进入埃及后，逐渐被同化，但仍保持他们的宗教信仰。科普特人信奉科普特教，是希腊东正教的支派。在上埃及科普特人聚居的地区仍保留有他们的民族传统和文化古迹。科普特是古埃及首都孟斐斯的别名，现在科普特一词指埃及基督教信徒。科普特教会在埃及至今已有1900年的历史，

宗教集会

新王国时期的科普特人国王像

到12世纪末，埃及逐渐由一个基督教占主体的社会过渡为穆斯林国家，科普特族占次要地位。尽管至今科普特人已经完全融入埃及现代民族，在其间也曾屡遭迫害，但他们作为一个强大的宗教实体生存了下来，并对自己民族为整个基督教所作的贡献感到自豪。埃及是圣母一家避难之地。科普特教会对维护基督教神学的权威，特别是保护其不受邪说的影响起了很大作用。寺院制度是最早在埃及创造的，起源于3世纪，在4世纪广为传播。全世界所有的基督教堂，直接或间接地都源于埃及模式。根据1992年的统计，除埃及有900万科普特人，另外约有120万海外科普特人。科普特人在世界各地取得了很大成就，前任联合国秘书长加利就是一个代表。

埃及是以伊斯兰教为主体的社会，但从每年圣诞节的欢庆气氛中充分体现着埃及社会对宗教的包容性。每年从12月初开始，埃及开罗的大型商场、商贸中心、饭店等消费场所就布置一新，橱窗、大厅被圣诞树、玩具和五彩斑斓的花带、花环装饰得充满了过节的快乐气氛。在商店前的人行道上也摆上了人造圣诞树或者盆栽的侧柏，树上缀满了大大的红色五角星装饰品。随着夜幕降临，这些装饰品开始在夜色中发光发亮，从远处看，就好像天上的星星挂满了圣诞树。圣诞树旁边站着身着红袍、身形魁伟、两颊圆圆的“圣诞老人”，向熙熙攘攘的人群行注目礼。当然，在埃及庆祝基督教圣诞节最多的还是来这里的游人和居住在这里的外国人。通常，埃及人会庆祝公历新年的到来。

# 饮食的喜与乐

埃及虽然不是高级的烹调基地，却也产生了许多精美的风味小吃。埃及人的饮食既受遥远古埃及的传承和宗教影响，又留有长期被征服者占领的痕迹。蚕豆是“国菜”，蚕豆之好渗透到吃食和用语的各个方面；甜食和饮品又是埃及人的偏爱，一年中8个月的热天，使街头巷尾的果汁店、咖啡馆备受青睐。还有大饼和各种生食蔬菜，都充分表现着埃及的特有品位。

路边咖啡馆

埃及人的饮食特色，既有遥远的古埃及时代的传承影响和宗教习俗，又留有长期被占领的历史痕迹。多元的饮食喜好被融合在埃及的烹调及相关的饮食习惯中，但又突显出埃及的特色和品位。

蚕豆是埃及的“国菜”，是人们食用最多的食品之一。吃食蚕豆的花样很多，最常见的有：焖烂蚕豆、油炸蚕豆饼、炖蚕豆和焖豆芽。焖烂蚕豆，埃及人叫它“富尔”，是一种最普通的、带有浓厚辣味的小菜。焖烂蚕豆和牛奶，几乎是埃及人早餐中不可缺少的食品，尤其是在冬天和斋月里，更受欢迎。油炸蚕豆饼也很有名气，埃及人叫它“塔阿米耶”。这是把浸泡蚕豆捣碎后，加上一些菜或肉末、奶油等搅拌均匀，炸而食用。还有炖蚕豆，埃及人叫它“比萨拉”，以及焖豆芽等都是埃及人常用的美味。此外，还有干炒蚕豆和生吃青蚕豆等。

蚕豆不仅是餐桌上的主要菜肴之一，而且它渗透到埃及的民歌、格言、谚语以及日常用语中。如埃及有谚语说：“他就像没有加盐和油的过夜冷蚕豆。”言下之意是平淡无味、令人厌烦。还有格言：“每粒被虫蛀了的蚕豆，都有特地要买它的人。”意思是说一货有一主，各有自己的爱好。如果某种计谋败露，人们便说：“我明白这蚕豆了。”有人说：“别跟我玩蚕豆

街头卖豆子

咖啡馆中多样的甜食

了！”很明白，它的意思是“别把我当傻子取笑了。”

在埃及，不同的宗教节日里有不同的节日食品，如斋月里要吃焖蚕豆和甜点；开斋节要吃鱼干和撒糖的点心；闻风节吃咸鱼、大葱和葱头；宰牧节要吃烤羊肉和油烙面饼。

埃及人还特别喜欢吃甜食，其中最著名的是“库纳发”，是请客吃饭时必备的食品。那是把调好的面糊放在漏勺里，把从勺孔中落下的面丝在放好奶油的锅上煎到微脆，这就成了“库纳发”。有时还在每层之间，放上榛子、花生、胡桃粉、糖等。“盖塔伊夫”是埃及另一种著名的甜食，它就像中国的饺子一样，不过里面的馅不是肉，而是葡萄干等干果，它不是煮着吃而是炸着吃。用杏干制成的“盖麦尔丁”像我们中国的果丹皮。吃的时候，用水浸泡或煮化成汁，加蜂蜜或糖食用，这是每天晚上吃开斋饭时，必喝的“盖麦尔丁”汁。

除了蚕豆、甜食外，埃及人经常吃的食物还有电烤羊肉、酥嫩全羊、锦葵汤、大饼欧希等。

埃及人偏爱红（牛、羊、骆驼）白（家禽）肉，除上层人士外，很少食鱼虾海鲜。肉也向来被认为是富人和贵人的食品。埃及的穷人主要靠吃小麦、蚕豆生活，多在周末或节日才可以吃到肉食。在肉食中烤全羊是埃及和阿拉伯国家的一道大菜，是在婚庆喜筵和款待嘉宾时推出的最名贵的珍馐。

还有一种锦葵汤，是埃及人津津乐道、十分喜爱的。埃及尼罗河两岸生长的一种锦葵，把它的叶子洗净晒干、粉碎，与羊肉、鸡、大米等一起煮汤，煮好的锦葵汤，浓绿黏糊，味道鲜美。

游客在埃及，对埃及人的“食”印象最深的要数大饼和主食面

一起吃大饼

包。大饼，埃及人称之为“欧希”，意为“生活、生命”。居民一日三餐不可无大饼或主食面包。地上铺一张旧报纸，上面放着两三个大饼、几根大葱、一两个西红柿、一块白白的奶渣，总共合人民币一块钱，一个穷人就可吃饱肚子。几个穷哥们也可蹲着围在“大地餐桌”四周，用手撕着大饼，蘸霍姆斯酱，抓凉菜往嘴里送，配上一杯热红茶，就是美滋滋的一顿聚餐。

埃及人喜生食蔬菜，胡萝卜、黄瓜、洋葱、大葱、青椒、生菜等常洗净后直接上桌，再加橄榄、鲜柠檬汁等调料。柠檬树四季结果，柠檬汁是吃鱼肉时不可缺少的佐料。

埃及人办喜事时喜欢大摆筵席，除了邀请贵宾亲友之外，有些平时与主人无甚交往者也可光临，同样也会受到热情款待。习惯上

是先摆出巧克力和水果，然后诵《古兰经》，吃肉汤泡馍、米饭与煮肉。最后上点心和小吃。埃及人请客，坐席也讲究身份及等级，主人还习惯用发誓的方式劝客人多吃，自始至终非常热情。菜肴越多越好，哪怕是原封未动地端上来又端下去，宾主都十分高兴，因为这是慷慨好客的标志之一。

埃及人会告诉你："一旦你喝了尼罗河的水，你就会经常回到埃及来。"这是一种美好的愿望，但不管怎么说，水、饮料、咖啡在埃及是绝对离不了的。埃及地处北非，一年中有 8 个月是热天，开罗最高气温达 40 摄氏度，而在南方城市阿斯旺和卢克索则高达 50 摄氏度。因此，饮料在埃及是日常生活的第一需要。在明亮的小店里，他们用草莓、柑橘堆成的美丽的金字塔和一篮篮的芒果吸引着口渴的顾客。在埃及街头巷尾和路边，到处是咖啡、牛奶、茶、果子露、不含酒精的果汁和各种矿泉水，也有从苏丹进口的玫瑰茄泡制的红色玫瑰茄水，应有尽有。埃及人多喜饮矿泉水，认为它干净、卫生；不少人还喜饮玫瑰茄水，认为它富营养，可健脾、开胃、强身。而咖啡馆则是大多数埃及男人每天必到的休闲之地。

"阿拉伯市场"到处是极富伊斯兰特色的茶馆。到阿拉伯市场饮茶的人大多是冲着阿拉伯咖啡和茶来的。

至于在埃及边远山区和沙漠地带，路边每隔一两里路就有一个石砌的饮水池，池边放着水杯，专供长途跋涉者随时饮水解渴，这是数千年来埃及人约定俗成的规矩，也是埃及人乐善好施美德的一种体现。

# “埃及方式”的习俗

埃及人既热情好客、能说会道，又不慌不忙、处世精明的习俗，既可以从古埃及文明的传承中找到踪迹，也可以在《古兰经》中找到依据。斋月的坚守，生育仪式的举行，家庭纽带的重要，披金挂银的装饰，对绿色和白色的感情，对仙鹤和猫的宠爱，对外的避讳，“右比左好”的习惯，妇女们的禁忌以及遇到或拜访朋友时的特殊问候方式等，既反映伊斯兰的共性，又显示着“埃及方式”的特质。

“大家庭”是埃及人感受的幸福和骄傲

埃及人很虔诚，也很热情好客，但也很精明，并热衷于狡诈。初到埃及你会处处遇到热情的笑脸和言语，但你也会遇到以各种名目收要“小费”的人。

埃及人相信，富人应该接济穷人，向“富人”要“小费”自然是合理合法。埃及人少有时间概念，似乎把时间看得很随便，一天下来干不了多少事也无所谓。也许是埃及人相信“生命永恒”、还有来世的原因！对埃及人的某些性格特质不习惯的人会产生一些负面评价。有人说：“埃及的神庙、金字塔、红海、绿洲让我向往第二次、第三次造访；但是埃及人让我不再踏上这片土地。”也有人说：“如果金字塔是这个人种建造的，那么，他们的祖先曾经承受过天底下最繁重的忙碌和劳役，难道今天是那场辛苦后的大喘气，一喘就回不过神来了？”

看来，虽然埃及古文明已是断裂的文明，但人们还总是习惯于把埃及的古文明和埃及人信奉伊斯兰教本身与埃及人的生活习俗和生活方式联系起来。

埃及末期的黄金项链

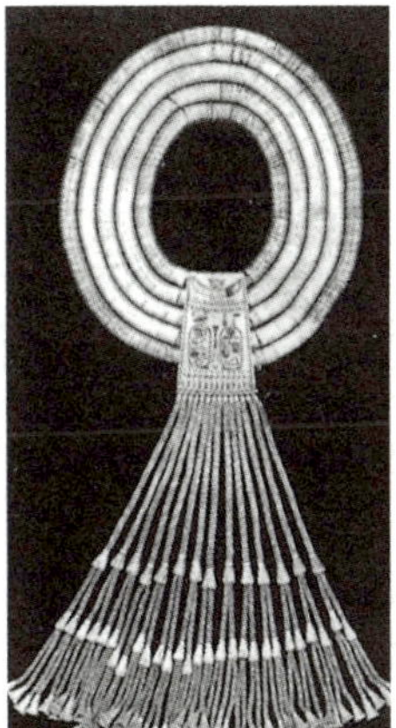

在埃及，许多人还举行着出生第七天的生育仪式：母亲从香炉上方跨过，然后敲击金属器皿让孩子听到“锵锵”声；长大的男孩要举行割礼，即切除一部分包皮等。古埃及无论生前还是死后，都喜欢佩戴首饰，披金挂银是古埃及人打扮自己的一个重要方式。法老图坦卡蒙下葬时，全身缀满金银饰品，还有一个18公斤重、镶嵌名贵宝石的纯金面罩。现代埃及人同样如此，而且偏爱黄金首饰。在埃及，妻子金首饰的多少是衡量丈夫是否爱她的重要标志之一。因此，普通的埃及妇女佩戴重达1公斤左右的金项链并不奇怪。埃及妇女除了在头部和脸部佩戴金饰，更喜欢佩戴金手镯或手链。关于这一风俗，有一则感人的传说。从前，有户穷苦人家，丈夫去世，留

下妻子和年迈的婆婆。年轻的妻子决心靠自己的双手养活婆婆，每天到有钱人家帮工，但是工钱极少。万般无奈下，她想出个办法：每天在主人家和面后，不洗手就回家。这样能把手上粘的面做成面糊给婆婆吃。有一天下起了暴雨，电闪雷鸣，妇女很害怕，担心因为自己偷了人家的面老天爷发怒。于是，她闭着眼睛把双手伸出去，请老天爷劈掉它。一阵雷声响过，她睁开眼，惊奇地发现手上出现一副金灿灿的手镯。由此以后，戴手镯成为晚辈孝顺长辈的象征。

黄金宝座上的浮雕

埃及是一个以家庭纽带的力量为基础的社会，尊敬父母和长者的习惯是如此根深蒂固，以至于时至今日在埃及城市人口中，25岁以前结婚也是极少的。《古兰经》说："钱财和子女是生活的装饰"，大家庭是一种准则，埃及母亲们崇尚子女，在孩子问题上，溺爱和软弱甚至到了声名狼藉的程度。也许，正是这种家庭的纽带具有保护性，造就了埃及人团结和纯朴的民风，使埃及成为世界上最安全的国家之一，自然也很少听说有抢劫女性的事件发生。

埃及人对绿色和白色都有很深的感情和偏爱，有把绿色喻为吉祥之色、把白色视为快乐之色的说法。他们对生活中经常遇到的数字也有喜厌之分。一般人都比较喜欢带"5"和"7"的数。认为"5"会给人们带来"吉祥"，认为"7"是个受人崇敬的完整数字。因为"安拉"创造世界用了6天的时间，在第7天休息，所以人们办一些重要的事情总习惯采用带"7"的数，例如：有很多咒语、祷告要说7遍；朝觐者回来后，第7天请客；婴儿出生后，第7天宴请；还有纪念婚后7日，纪念去世后7日等。

埃及人非常喜爱仙鹤。认为仙鹤是一种吉祥鸟。它美丽又华贵，象征着喜庆和长寿。埃及人宠猫、敬猫如神，并视猫为神圣的精灵，是受人崇敬的国兽。阿拉伯人把莲花称为"尼罗河之花"，埃及人把

手握荷花在尼罗河上悠游的女孩

莲花作为国花。早在2000多年前，希腊史学家希罗多德就称莲花为“埃及之花”。相传，尼罗河曾是莲花的故乡。尼罗河畔的莲花品种繁多，主要有红、白、蓝三个品种。最能代表尼罗河之花的要数白莲花，人们又称它为百合花或“香翘摇”。每当夏季来临，在密密层层的绿叶中间，绽开着硕大的花朵，白中透红，妩媚透润。考古学家们从出土文物中考证，早在金字塔问世之前，尼罗河两岸就长满了这种白莲花。蓝莲花被称为“阿拉伯睡莲”或“水甘兰”。这种莲花也开得鲜艳夺目，多姿多彩。现多在大公园或一些植物园中能见到。

针是缝衣的工具，几乎是家家必备的日常用品，但在埃及人的心目中却有几分神秘的色彩。每天下午3～5点，埃及人决不买卖针，这已成为他们生活中的一条不成文的戒律。据传说，每天的这个时间里，有天神下凡赐给人们一些生活必需品，但天神要亲自体察人们各自的境遇。越是富有的人，得到的赏赐会越多；越穷的人，所得的赏赐则越少。而穷人整天总是穿针引线，缝缝补补，所以穷人为了得到更多的赏赐，在这个时候绝不买针和卖针。在这个神话传说的影响下，埃及的一些人甚至连夜晚也不敢做针线活，否则认为会给自己的母亲带来灾祸。农村里有些妇女把借针也看做忌讳之事，在非借不可时，出借人要把针插在面包里递给借针人，借针人也不敢当面用手把针取出来。针有时也成为一些妇女相互对骂的口头语，如果一个妇女被人骂作针，那她便如同受了奇耻大辱，痛不欲生。如今，针在埃及人的心目中仍有其独特的、传奇般的地位，对针的忌讳也沿袭下来。

在埃及还有一些比较特殊的礼节。埃及人见面时异常热情，一般情况下，见到不太熟悉的人，致问候礼，如果是老朋友，则拥抱行贴面礼。

女性之间出于礼貌或表示亲热，更多地采用温柔的贴面礼，一般是先右边贴一次，后左边贴一次。异性之间通常是握手，只有亲戚之间行贴面礼。男女之间也可不握手，男士不宜主动伸手，而且握手时必须从座位上站起来，女士则不必，可以继续坐在椅上。

埃及人不忌讳外国人家访，甚至很欢迎外国人的访问，并引以为荣。但异性拜访是禁止的，即使在埃及人之间，男女同学、同事也不能相互家访。

埃及人坚守了穆斯林的习惯，认为“右比左好”，右是吉祥的，做事要从右手和右脚开始，握手、用餐、递送东西必须用右手，穿衣先穿右袖，穿鞋先穿右脚，进入家门和清真寺先迈右脚。究其原因，穆斯林“方便”和做脏活时都用左手，因此左手被认为是不干净的，用左手与他人握手或递东西是极不礼貌的，甚至被视为污辱性的。

按伊斯兰教义，埃及妇女坚守禁忌，妇女的“迷人之处”是不能让丈夫以外的人窥见的，因此，短、薄、透、露的服装是禁止的。虽然埃及人对外国人是宽容的，不像某些伊斯兰国家那么严厉，但必须提醒一点：在埃及穿背心、短裤和超短裙是严禁到清真寺去的。

通常在埃及人面前尽量不要打哈欠或打喷嚏，如果实在控制不住，应转脸捂嘴，并说声“对不起”。埃及人讨厌打哈欠，认为哈欠是魔鬼在作祟。

# 婚俗的迷宫

在埃及，结婚是为了生子。即使娶几个妻子，也不仅仅是为了“快乐”，也是为了多生孩子。除了在沿海地区和大城市，男女可以自由交往，自由恋爱，出入成对之外，在多数地方，特别是在封闭、保守的上埃及，婚礼前男女双方是不得见面的。结婚的程序和过程：相亲、签署婚约、商定聘礼、举行热闹非凡的婚礼仪式等，传统、烦琐而别致。男孩为结婚要面对一路看涨的礼金，他们既有为结婚成家、长大成人而体面的企盼，也有即将为肩负家庭与个人的沉重负担的苦恼，为此，不少埃及青年要到邻近产油国打工，熬过数年不得回家的艰苦历程。

喜气洋洋的埃及新郎与新娘

伊斯兰教在婚姻的问题上，离婚和多妻制都得到允许，但是一个男子能娶上两位妻子的人很少。因为，男方要将法定的礼金送给女方家族，礼金形势的看涨，已成为市区中下层男青年们为之苦恼之事。他们为了攒上这笔相当于普通上班族数年收入的礼金，纷纷去沙特阿拉伯产油国打工，但也很难取得签证，即使去了，在异国他乡的环境下，几年不归的工作也是常有的事。因此，只有那些能付得起礼金的有钱人和手头宽余的老人才能娶两位或再多的妻子，而这些人仅占已婚人口的几个百分点而已。

在埃及，人们普遍认为，结婚就是为了生子。所以“娶几个妻子”不仅仅意味着“快乐”，也是为了多生孩子，以多个妻子来分担家务。结婚的程序：相亲、签署婚约、确定婚期、商定礼金、举行热闹的婚礼仪式等，传统、烦琐而别致。

男方的母亲或者姐妹去相亲，决定订婚时，男方父母须向女方父母赠送一笔数额可观的彩礼，以备女方出嫁购置嫁妆。在订婚仪式上，小伙子的姐妹要代表他将一枚金戒指戴在姑娘的右手无名指上，有的人家还送金镯子和金项链。在埃及，一个姑娘是否订婚，只要一看对方的右手无名指便可知道。订婚之后，双方家庭还要经过一两年甚至三四年的筹备，才能举行正式结婚的仪式。

举行婚礼的那一天，接新娘的马车要装饰得光彩夺目。接到洗妆一新的新娘启程坐上马车返回新郎家时，要由新郎的母亲在前带队，新娘的母亲在后护卫，一路高歌。随同前往的新娘的嫁妆，除家具外，几只崭新的木箱格外引人注目，里面盛着100件袍裙。为了准备这100件袍裙，新娘的母亲一般都要用十多年时间。

抵达新郎家，新郎喜气洋洋地站在彩车旁迎接新娘下车，并一同跨过一道放有一些屠宰物的门槛，进入新房内，这才到了新婚的男女双方互识容颜的美好时刻，傍晚时分，当盛大的宴会结束，新郎新娘要在众人陪同下，随着乐队，到清真寺举行宗教仪式。婚礼期间，常常有乐队相伴唱歌跳舞。

由于人们的经济条件不同，婚礼的规格存在着极大的差别。富贵人家婚礼往往持续一个月之久，天天宾客济济，婚宴豪华丰盛，隆重热烈。在经济条件一般的家庭，婚礼庆祝活动大约3天时间，而那些经济状况欠佳的家庭，婚礼仪式则要简单得多。

舞蹈家被请到婚礼上表演

埃及按地理和文化差异大致可分为南北两大部分。其中“上埃及”占据着埃及一半以上的国土。由于受外来文化影响较小，这里的婚俗依然保持着古老而纯朴的埃及文化与传统。当地的传统是男女授受不亲，不允许不同性别的年轻人相互交往，因此小伙子们平时很难见到年轻的姑娘，更别想自主择偶和自由恋爱了。找对象的主要途径是通过媒婆和亲友介绍。在上埃及，媒婆是一种特殊的职业，受到人们的尊敬，有着不菲的收入，只有那些能说会道、有着广泛社会交际的成年妇女才能胜任。

在上埃及，近亲结婚是允许的，因为这样可以亲上加亲，又维持了家族血统的纯正，财产不外流。特别是对于官员、贵族和富有阶层来说，是绝不会轻易将女儿嫁给陌生人。首选是堂亲，也就是父亲的子侄们；其次是表亲。即使不是堂亲、表亲，也要讲究门当户对，主要看双方家庭的宗教信仰、社会地位和富有程度。

上埃及人和下埃及的城里人不同，早婚现象十分普遍。尽管当地法律和宗教都明确规定 15 岁以下禁止结婚，但许多女孩在 9 岁、10 岁时就戴上了耳环，表示她们已经订婚，也许要不了几年，她便为人母了。

近年来，随着时代的进步和教育、法律的普及，上埃及人的婚姻观念和习俗也在悄然发生着改变。在有的地区年轻人在选择配偶方面已经有一定的发言权了。尽管如此，男女隔离现象依然十分严重，年轻人自由恋爱、自由结婚的仍然比较少见。

沿地中海和红海的北部地区是埃及的政治、经济中心，受西方文化影响较大。尤其是以开罗和亚历山大为中心的尼罗河三角洲和苏伊士运河两岸地区，更是埃及最为开放的地区，其婚姻习俗与南部地区有着很大的不同。在这些地区，由于妇女拥有与男人平等的学习和工作机会，性别隔离与歧视现象不像传统的伊斯兰社会那么严重，男女自由交往、自由恋爱和出入成双成对、自主婚姻较为普遍，其程序和仪式已接近西化了。

随着时代的发展，埃及城市与沿海地区的婚姻习俗正像一股潮流，冲击着埃及数千年来形成的传统婚俗与文化。

# 阿拉伯大众文化的中枢

虽然古埃及文明本身被淹没在漫漫历史与尘沙中，也许尼罗河的灵性仍在。埃及不仅在保护、研究、传播伊斯兰文化中具有“伊斯兰科学”权威，而且在现代文学、电影、广播电视等方面都在阿拉伯世界中先拔头筹，显示着埃及的节律。正如有评论家所言：“外国女子绝不可能达到埃及舞蹈家的创造高度，因为不论技术如何先进，她们也不能用和尼罗河女儿们相同的方式回应埃及旋律和动作。”

开罗的电影海报

埃及不仅有爱资哈尔清真寺和爱资哈尔大学等作为阿拉伯世界“伊斯兰科学”权威，向阿拉伯国家和世界其他国家派遣宣教者，在华盛顿、伦顿等地设有伊斯兰文化中心，在法国等20多个国家派驻代表，在保护、研究和传播伊斯兰文化与遗产中发挥着重要作用，而且在文学、电影、广播电视等方面都在阿拉伯世界中先拔头筹，显示着埃及的节律。

埃及是阿拉伯文学的沃土。从古代的神话、寓言、诗歌，到今日长短篇小说和戏剧，埃及一直都是阿拉伯世界的执牛耳者。

埃及文学人才辈出，是其他阿拉伯国家望尘莫及的。三岁时双目失明的塔哈·侯赛因（1889～1973年），以超凡的毅力与奋斗，荣获开罗大学博士，并留学法国，回国后任教授、大学校长、教育部长、作协主席等职。他创作了许多优秀作品，被誉为“阿拉伯盲人文豪”、“阿拉伯文学一代宗师”。近代埃及诗圣艾哈迈德·邵基（1869～1987年），代表作有《洞中人》、古埃及神话剧《伊齐丝》等。他还创作了许多著名的小说。特别值得一提的是现代文学大师纳吉尔·马哈福兹。他一生共创作46部中、长篇小说和短篇小说集。他

跳舞、演奏的娱乐图

诺贝尔奖获得者纳吉布·马哈福兹

也是埃及第一位电影剧本作家，共创作电影剧本和将小说改编成剧本30多部。他长期生活在开罗，扎根于人民之中，对开罗的历史典故和风土人情了如指掌。他同情劳动人民和贫苦大众，反对奴役和压迫。他的小说充满着开罗的乡土气息。1988年10月13日下午2时，世界各大通讯社从瑞典首都斯德歌尔摩同时发出一则消息：1988年诺贝尔文学奖授予埃及文学巨匠纳吉布·马哈福兹。顿时，开罗沸腾了，人们上街游行庆祝，阿拉伯世界亦同声欢呼。面对这突如其来的殊荣，他说："我感到意外，又感到惊喜，随后又有些悲伤。我觉得教育我成长的教师们——塔哈·侯赛因、陶菲克·哈基姆等文学大师比我更有资格获得这一荣誉。我希望这是世界承认阿拉伯文学和它的作家队伍的开始，我不应成为唯一获得诺贝尔文学奖的阿拉伯作家。"

埃及的电影也是在阿拉伯世界制作最多、发展最快、流传最广的。1895年，法国首都巴黎吕米埃兄弟革命性的发明——电影摄影机——首次用于放映后，不到两周的时间，在埃及亚历山大的一个咖啡馆里，就举行了一次同样的放映。20世纪20年代，埃及的穆罕默德·巴尤米制作了一部名叫《公仆》的情节剧，片长30分钟，这可以说是阿拉伯人最早的自己的电影。1935年，埃及专门成立了一个机构——梅赛尔工作室，目的在于拍出埃及自己的电影。当“有声时代”来临的时候，埃及已经制作了13部自己的影片。在20世纪七八十年代，迅速发展中的埃及电影事业取得了更大的成就，影片的年产量居世界的第15位。这是相当不简单的，所以有人称开罗为“中东的好莱坞”。为了扩大影响，埃及年年举办国际电影节。埃及举办的国际性电影节有：开罗国际儿童电影节、亚历山大地中海国家电影节和伊斯梅利亚国际电影节。

埃及的广播和电视业亦十分发达，在中东居领先地位。1990年，埃及成为中东第一个通过卫星向所有的阿拉伯国家及大部分非洲和欧洲国家播送电视节目的国家。埃及的新闻业在阿拉伯国家中，出

永恒的舞蹈——底比斯的一个陵墓中的绘画

肚皮舞的舞者

现最早，发展最快，规模最大，影响也最广。成立于1956年的中东通讯社是中东和非洲第一家通讯社。埃及图书业十分发达，每年1月在开罗国际展览中心举办的开罗国际书展，成为世界各国图书的大展示，也是埃及文化界的盛会。

在埃及，从古至今传承下来的一些文化和艺术形式依然可以在民间找到它的踪迹。古埃及人爱好听故事，喜欢跳舞。底比斯的一个陵墓中的绘画说明了这一点。如今，舞蹈家的表演依然成为婚礼

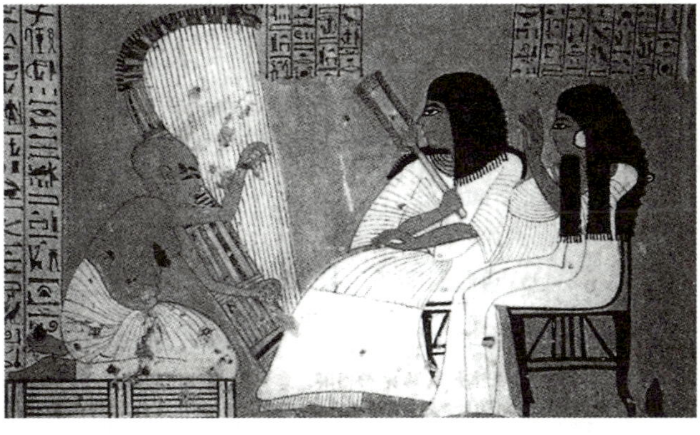
弹竖琴的墓室壁画

中不可缺少的部分。特别像大家都跳的肚皮舞，在这个保守的伊斯兰国家，竟然能容忍曲线玲珑的妇女穿着比基尼当众做出挑逗性的姿态，解释是，肚皮舞是传统的、当地的东西，它的出现甚至比伊斯兰教还要早。有些评论家提出“外国女子绝不可能达到埃及舞蹈家的创造高度，因为不论技术如何先进，她们也不能用和尼罗河女儿们相同的方式回应埃及旋律和动作。”

## 参考文献

[1] 新加坡apa出版有限公司．异域风情丛书：埃及．北京：中国水利水电出版社，2002

[2] Tean Vercoutter. 古埃及探秘．吴岳添译．上海：上海书店出版社，1998

[3] 李军．世界文化与自然遗产．北京:北方妇女儿童出版社，2002

[4] 赵纯厚，朱振宏，周端庄．世界江河与大坝．北京：中国水利水电出版社，2000

[5] 余秋雨．非亚之旅——跟随余秋雨的脚步．太原：希望出版社，2004

[6] 冯国超．世界文明史．北京：光明日报出版社，2003

# 《世界文明摇篮丛书》出版工作委员会

**图书在版编目(CIP)数据**

尼罗河:魅力埃及探源/丁波,李提编著.—郑州:
黄河水利出版社,2006.6 (2014.5 重印)
(世界文明摇篮丛书)
ISBN 978-7-80734-068-3

Ⅰ.尼… Ⅱ.①丁…②李… Ⅲ.尼罗河-文化史 Ⅳ.K941.04

中国版本图书馆 CIP 数据核字(2006)第 045308 号

---

出 版 社:黄河水利出版社

地址:河南省郑州市顺河路黄委会综合楼 14 层 邮政编码:450003

发行单位:黄河水利出版社

发行部电话:0371-66026940、66020550、66028024、66022620(传真)

E-mail:hhslcbs@126.com

承印单位:河南地质彩色印刷厂

开本:889mm×1 194mm 1/24

印张:9.25

字数:167 千字 印数:4 001—7 000

版次:2006 年 6 月第 1 版 印次:2014 年 5 月第 3 次印刷

2010 年 2 月第 2 版

---

定价:23.00 元